DIE

OSTFRIESISCHEN INSELN

Ostfriesland aus dem Bilderbuch: *Die Feuchtwiesen am Juister Loog.*

Frontispiz: Korb an Korb mit Blick auf die Nordsee: *ein Urlaub auf den Ostfriesichen Inseln ist manchmal wie Kino nur viel gesünder. Hier zeigt sich der Nordstrand der Insel Norderney mit bester Aussicht in den frühen Morgenstunden.*

www.komet-verlag.de
Covermotiv: Seite 49
Gesamtherstellung: KOMET Verlag GmbH, Köln
Produktion: Feierabend Unique Books, Köln

ISBN 978-3-89836-717-2

Bernd Lothringer

DIE OSTFRIESISCHEN INSELN

KOMET

123
110

Einleitung

Der Strandkorb: Er gehört zur deutschen Nordsee wie das Salzwasser und der Strand. Dabei wurde der Strandkorb an der Ostsee erfunden! Der Rostocker Korbmachermeister Ludolph Wilhelm Eduard Bartelmann soll es gewesen sein, der für eine Rheumapatientin das gemütliche Sitzmöbel 1882 zum ersten Mal schuf. 1920 hatte sich der inzwischen mit der klassischen Klappmechanik versehene Strandkorb an den Ost- und Nordseestränden etabliert. Heute ist für viele Nordseeurlauber ein Leben ohne Strandkorb kaum noch vorstellbar, für manche nicht einmal zu Hause: Der Strandkorbexport ins Inland ist merklich gestiegen. Auch eine Geschichte des Strandkorbs ist längst geschrieben, sie stammt von Max Holfelder und erschien 1996 auf Husum. Der größte Strandkorb wurde 2007 als dekoratives Gruppen-Sitzmöbel für die Regierungschefs des G8-Gipfels konstruiert.

Wellen, Watt und die Weite der Dünen. Bei dem Gedanken an die Ostfriesischen Inseln läuft den meisten Deutschen noch immer sprichwörtlich das Salzwasser im Munde zusammen. Trotz überwältigender Konkurrenz durch exotische Reiseziele in der Karibik, in Fernost oder in Südafrika gehören die sieben Eilande vor der Küste Ostfrieslands nach wie vor zu den beliebtesten Urlaubsorten der Deutschen. Eine Million Badegäste werden jährlich auf den Inseln Borkum, Juist, Norderney, Baltrum, Langeoog, Spiekeroog und Wangerooge begrüßt. Waren es noch im 19. Jahrhundert überwiegend wohlhabende Besucher, die sich vor allem an der heilenden Wirkung von purem Meerwasser und frischer Brise erfreuten, so sind die sieben Inseln heute für Urlaubsansprüche jeder Art bestens gerüstet. Erlebnisbäder und moderne Wellness-Zentren fehlen ebenso wenig wie gute Restaurants, Golfplätze und Möglichkeiten zur Kinderbetreuung.

Die Ostfriesischen Inseln sind Schwemmlandinseln. Sie entstanden vor rund 3.000 Jahren als kleine „Sandburgen“ allein aus der Kraft der Elemente Wasser, Luft und Erde. Dies ist noch heute spürbar, „wandern“ die Inseln doch von den westlichen Strömungen und Winden getrieben Jahr für Jahr ein wenig nach Osten. Waren früher mit dieser Bewegung gleichzeitig Landverluste im Westen verbunden, so hat der Mensch sich hier mit starken Buhnen und Meereswehren inzwischen erfolgreich der Natur entgegengestellt. Stattdessen aber verlieren die Inseln, vor allem Juist, seit 1994 infolge gewaltiger Sturmfluten und Änderungen der Strömungsverhältnisse erheblich an Höhe und Dünenmasse.

Charakteristisch für alle ostfriesischen Schwemmland-Inseln ist ihre geographische Doppelgesichtigkeit: Im Norden tobt die raue

Nordsee, im Süden liegen die ruhigeren, flachen Seelandschaften des Wattenmeers. Da die artenreiche Tier- und Pflanzenwelt des Watts massiv von schädlichen Umwelteinflüssen bedroht war, wurde 1986 der Nationalpark Niedersächsisches Wattenmeer gegründet, dem inzwischen alle sieben Ostfriesischen Inseln angehören. So fanden die Wattbewohner, vom Wattwurm bis zur Klappmuschel, von der Kegelrobbe bis zum Schweinswal, inzwischen Zeit, ihre Bestände zu regenerieren. Die Ostfriesischen Inseln sind damit heute nicht nur ein Ziel für Sonnenanbeter und Kurgäste, sondern zugleich ein einzigartiger Nationalpark.

Auch klimatisch sind die Ostfriesischen Inseln in Deutschland eine Ausnahmeerscheinung: Die Temperaturschwankungen fallen auf den kleinen Eilanden deutlich geringer aus als auf dem Festland, da das Inselklima den langsamen Veränderungen der Nordseetemperaturen folgt. Zwar bleiben die Inseln durch ihre Meereslage von Unwettern, Regen- oder Schneeeinbrüchen des Festlandes oft verschont, doch müssen sie aufgrund ihrer Abhängigkeit von den Wassergewalten oft heftige Stürme und Gewitter über sich ergehen lassen. Eine Besonderheit in diesem Zusammenhang stellt Borkum dar, das als einzige Ostfriesische Insel Hochseeklima bietet: Der Golfstrom sorgt auf Borkum im Sommer und im Herbst für ein weitaus milderes Klima.

Was sich die Ostfriesischen Inseln trotz aller geographischen, klimatischen und zivilisatorischen Veränderungen jedoch über Jahrtausende erhalten konnten und was sie zugleich von allen deutschen Urlaubsorten unterscheidet, sind die einzigartigen Wasser- und Luftverhältnisse: Die saubere, an Aeroionen reiche Luft, der Jodgehalt des Meeressalzes, Wind und Wasser haben den Besuchern der ostfriesischen Nordseeheilbäder seit Jahrhunderten Gesundheit und Erholung gebracht. Und so sehnen sich Urlauber auch heute noch Jahr für Jahr nach der frischen Meeresluft, nach den endlosen Weiten des Strandes und der rauschenden See, nach Möwengeschrei und der Stille und Unberührtheit der kargen Landschaften. Wie ließ sich doch einst Heinrich Heine vernehmen: „Ich liebe das Meer wie meine Seele." Der berühmte Dichter der Romantik meinte damit die Insellandschaften Ostfrieslands.

Seehund: Er ist das Maskottchen aller Ostfriesischen Inseln, und 2006 wurde er sogar zum Wildtier des Jahres erklärt. Dabei ist es um den Seehund in Wahrheit schlecht bestellt: Die fortschreitende Wasserverschmutzung der Nordsee und der damit einhergehende Nahrungsmangel haben die Bestände dezimiert. 1988 und 2002 brachen dazu noch Seehundepidemien aus. Seit 2005 ist aber wieder Rettung in Sicht. 2007 leben noch 14.175 Seehunde an der niederländischen, deutschen und dänischen Nordseeküste. Seehunde können bis zu 200 Meter tief tauchen und 30 Minuten lang unter Wasser bleiben. Sie werden bis zu 30 Jahren alt, wiegen bis zu 100 kg und verzehren 5 kg Fisch pro Tag.

Seite 8 Das Inselflugzeug der Luftverkehr Friesland (LFH) *schwenkt über der kleinsten ostfriesischen Insel Baltrum (Kreis Aurich) zur Landung ein.*

Borkum – eine echte Inselgröße

Einwohner:	6.500
Touristen pro Jahr:	270.000
Seeheilbad seit:	1840
Größe:	36 km²

***Der historische Wasserturm** auf Borkum wurde 1900 an der Seite des Wasserwerks errichtet.*

Mit 1.800 Hotelbetten, 6.960 Apartments und 7.793 Pensionsunterkünften ist Borkum ein wahrer Riese unter den Ostfriesischen Inseln. Rund 6.500 Einwohner und einer Flächenausdehnung von knapp 36 km² machen Borkum darüber hinaus zum größten Eiland der Inselkette. 270.000 Gäste zählt man hier jährlich. Nicht nur wegen seines 26 km langen Sandstrandes, auch wegen des variantenreichen Touristenprogramms für jeden Geldbeutel ist Borkum so außerordentlich attraktiv. Elegante Geschäfte, ein Spielcasino und teure Nachtclubs beweisen die Rechtmäßigkeit des 1950 errungenen Stadttitels. Einsame Dünenlandschaften, hutzelige Insulanerhäuschen und ausgedehnte Wanderwege dagegen kennzeichnen Borkums unverdorbenen Inselcharakter. Auf Borkum scheint bisher noch jeder Tourist seine ganz persönliche Nische gefunden zu haben. Von der pollenarmen, überaus jodhaltigen Luft, die vor allem dem Einfluss des Golfstromes zu verdanken ist, profitiert jeder Besucher gleichsam. Denn es ist wahr: Borkum bietet als einzige Ostfriesische Insel Hochseeklima.

Borkum hat sich mit den Jahren der Moderne angepasst. Ebenso wie auf Norderney dürfen hier Autos vom Festland mitgebracht werden. Die vergleichsweise langen Distanzen können so spielend überbrückt werden. Ganz unökologisch ist Borkum deswegen aber nicht: Seit 1994 rollen die Züge der Inselbahn von Rapsöl betrieben durch die Inselwelt. Das Streckennetz umfasst 7,5 Kilometer. Auch Busse fahren regelmäßig bis zum Ostland.

GESCHICHTE

Borkums Geschichte begann mit dem Ackerbau, der der Insel bereits vor 2.000 Jahren ihren Namen gab. Als „Burchana fabaria“, zu Deutsch „Bohneninsel“, bezeichnete der römische Historiograph Plinius das Eiland, auf dem die nahrhafte Pferdebohne gut gedieh. Von „Burchana“ über „Borkna“ und „Brokyn“ veränderte die von Fischern und Bauern bewohnte Insel bis zum späten Mittelalter ihren Namen zum heute noch gebräuchlichen „Borkum“. Die Insel unterlag in der Neuzeit einer sehr wechselhaften Entwicklung. Sie erlangte zunächst durch ihre strategische Lage an der Einfahrt in die Ems größere Bedeutung. Die Borkumer verdingten sich daher vor allem als Lotsen für die einlaufenden Schiffe und boten ihnen ein sicheres Geleit in die Flussmündung des für den Handel so wichtigen Wasserweges. Bald aber machten die unter niederländischer Hoheit stehenden Leuchttürme die Arbeit der Borkumer überflüssig.

Die Insulaner suchten sich deshalb Anfang des 18. Jahrhunderts mit dem Walfang eine neue Erwerbsquelle. Nahezu alle männlichen Bewohner der Insel begaben sich jährlich in die kühlen Gewässer Norwegens, Grönlands und der Arktis. Viele kehrten nicht mehr zurück. So zählte man 1764 unter 200 Familien 64 Witwen auf dem Eiland. Die bizarren Walfischkiefer-Zäune, die sich noch heute im Ortskern finden, sind stumme Zeugen dieser für die Inselbewohner nicht selten mit Leid verbundenen Periode. Weiterhin waren zwanzig Handelsschiffe auf Borkum stationiert, die regelmäßig die Route Amsterdam–Bremen–Hamburg befuhren. Als 1807 die französische Kontinentalsperre im Napoleonischen Krieg Ausfahrten unmöglich machte, kamen Walfang und Handel auf Borkum zum Erliegen. Die wirtschaftlichen Folgen waren verheerend: 1830 im Vormärz erlebten die Borkumer eine Phase bitterer Armut.

Die Rettung brachte schließlich der Tourismus. Wenngleich zögerlich, so begannen die Borkumer 1840, dem Vorbild Norderneys als Nordseebad zu folgen. In diesem Jahr zählte man gerade einmal 100 Besucher, 1850 waren es 250. Erst 1860 entstand im Zuge einer besseren Verkehrsanbindung der erste Hotelbau. Bereits 1865 hatte Borkum seine Besucherzahl auf 500 verdoppelt. 1879 konnte man sich einen neuen Leuchtturm leisten, der auch heute noch das Wahrzeichen der Insel ist. Bis 1900 eröffneten das mondäne Hotel Kaiserhof (heute LVA Nordseeklinik), das Hotel Ackermann (heute Pension Seestern), das Hotel Graf Waldersee (heute noch in Familienbesitz) und das Strandhotel Köhler (heute derma-

Der Kleine Leuchtturm *wurde 1891 als Leitfeuer eingeweiht und 2003 außer Dienst gestellt.*

Borkum zur Jahrhundertwende: *Kultiviert beschreiten die Damen in Kleidern, die Männer in Anzügen den Strand.*

Borkums Strand *ist heute ein buntes Farbenmeer.*

tologische Klinik). Bald waren es 16.000 Badegäste bei 2.114 Einwohnern. 1914 bot Borkum seinen Gästen bereits 9.500 Betten an. 1927 wurde die große Strandpromenade in Betrieb genommen. Die beiden Weltkriege ließen die Besucherzahlen stark zurückgehen, doch 1967 zählte man auf Borkum bereits wieder 1,46 Millionen Übernachtungen. Mit dem neuen Kurhaus (1967), dem Flughafen (1972), dem neuen Deich (1974) und der Fußgängerzone (1986) wurde das Angebot für Touristen stark erweitert. 2007 blickte Borkum anlässlich der Jubiläen von Strandpromenade und Kurhaus sowie dem 190. Geburtstags des Leuchtturms schließlich auf eine überaus erfolgreiche Kurbadgeschichte zurück.

Die Geschichte Borkums war über die Jahrhunderte aber auch eng mit Krieg und Militär verbunden. Bereits 1227 versammelte sich hier die Kreuzfahrerflotte auf ihrem Weg ins Heilige Land. Die günstige militärische Lage verleitete viel später auch Kaiser Wilhelm II., im Zuge des großen europäischen Flottenrüstens Borkum 1902 zur Seefestung umzubauen. 1935 wurde die Seefestung erweitert, 1937 errichtete die Deutsche Wehrmacht einen starken Marinestützpunkt im heutigen Schutzhafen. 1939, 1940 und 1944 entging die so befestigte Insel nur knapp der Bombardierung. Zwar wurde nach dem Zweiten Weltkrieg den Ansprüchen der Niederlande auf Borkum nicht stattgegeben, doch wurde der Marinehafen Borkum-Reede von Januar 1957 bis zu seiner Auflösung im Juni 1996 als einer der größten NATO-Stützpunkte in der Nordsee genutzt. Hier waren auch die gewaltigen Zerstörer der Fletcher-Klasse stationiert.

NATUR UND ARCHITEKTUR

Borkum liegt als einzige Ostfriesische Insel sprichwörtlich inmitten der Wogen der Nordsee. Weite Meerflächen befinden sich zwischen dem niedersächsischen Festland und der Insel. Nur bei besten Sichtverhältnissen ist die deutsche Küste erkennbar. Geographisch besteht die Insel Borkum aus zwei eigentlich selbständigen Inselgebilden, die durch eine natürlich entstandene Strandebene und durch künstliche Dünenaufschüttung miteinander verbunden wurden. Die Bezeichnungen „Westland“ und „Ostland“ bezeugen diese einstige Trennung noch immer.

Die Seehundbank: Seehunde sind immer hungrig, zwei Drittel des Tages verwenden sie auf die Nahrungsbeschaffung. Die verbliebenen Stunden nutzen sie, um auf den Sandbänken auszuruhen. Von Juni bis Juli gebären die Seehundkühe hier auch ihren Nachwuchs. An der Westseite Borkums haben sich die Seehunde die Sandbank „Hohes Riff" zur Residenz erkoren und lassen sich aus gebührender Entfernung auch gern beobachten.

Das Westland Borkums ist zivilisatorisch gekennzeichnet durch Badestrand, Stadt, Flugplatz und Hafen. Der feinsandige Badestrand ist nach Nordwesten ausgerichtet und leicht abgeflacht. Die Bürgermeister-Kieviet-Promenade trennt Strand und Stadt voneinander. Die Stadt Borkum ist heute überwiegend von moderner Architektur geprägt. Mit dem Heimatmuseum (Dykhus) oder dem Gulfhaus (heute Apartmentanlage) sind jedoch noch einige Relikte aus dem 18. Jahrhundert erhalten. Auch die gräulichen Walfischkiefer-Zäune in den Vorgärten mancher Inselgrundstücke sind ein unverwüstliches Zeugnis vergangener Zeiten, ihr imposantester Vertreter steht in der Wilhelm-Bakker-Str. 3 vor dem Haus des Walfangkommandeurs Roelof Gerritz Meyer. Meyer hat sich durch das Erlegen von 270 Walen einen sowohl mythischen wie zweifelhaften Ruf erworben. Als Bauten der Kaiserzeit sind die Kurverwaltung (1911) und das Strandhotel mit ihren schmucken strahlend weißen Fassaden hervorzuheben. Drei Kirchen finden sich auf Borkum: die katholische Kirche (Kirchstraße), die lutherische Kirche am Neuen Leuchtturm und die reformierte Kirche am Wiesenpfad. Der Neue Leuchtturm (1876) hinter der Strandpromenade ist Dreh- und Angelpunkt des Ortes. 300 Stufen gilt es zu erklimmen, dann lässt sich die gesamte Insel in einer konkurrenzlosen Panoramasicht erfassen. Bei gutem Wetter sind die niederländische Küste und die westfriesische Insel Rottum zu erspähen.

Nordseeheilbad: Der Göttinger Professor Georg Christoph Lichtenberg (1742–1799) und der Jenaer Professor Christoph Wilhelm Hufeland (1762–1836) waren die Ersten, die die heilenden Kräfte von Meerwasser und Seeluft in Deutschland priesen. Der Arzt Vogel aus Schwerin eröffnete schließlich 1793 mit Bad Doberan das erste deutsche Seeheilbad. Für die Ostriesischen Inseln ist der Heilbadbegriff eng mit Pastor Gerhard Janus (Juist) und dem Landarzt Dr. Halem (Norderney) verbunden. 1800 wurde auf ihre Initiative hin mit preußisch-königlicher Genehmigung die Seebadeanstalt Norderney eröffnet. Bald folgten Wangerooge (1804), Langeoog (1827), Juist (1840), Borkum (1840), Spiekeroog (1846) und Baltrum (1876). Die heilende Wirkung von Salzwasser und Meeresluft ist inzwischen längst medizinisch belegt. Während das kalte oder warme Salzwasser lebenswichtige Salze an den Körper abgibt, scheidet dieser im Gegenzug Schlacken und Schadstoffe aus. Die an Aeroionen reiche Seeluft regeneriert kranke Körperzellen. Hinzu kommen die für den menschlichen Körper angenehmen geringen Temperaturschwankungen, die auf den Inseln bei durchschnittlich 4,9 C° liegen. Das Recht, den Titel eines Seeheilbades zu führen, ist heute nach dem Kurortegesetz (KurOG) an zahlreiche Auflagen gebunden. Dazu gehören eine staatlich geprüfte Luft- und Wasserqualität, Meereslage sowie die Bereitstellung von Kuranwendungen, Kurhäusern, Strandpromenaden, Parks und Ausflugsmöglichkeiten.

Nordöstlich der Stadt findet man den großen Flughafen. Am Südzipfel sind der Anlegerbahnhof, der Schutzhafen und der Fähranleger mit der Stadt Borkum über eine Inselbahn verbunden. Landschaftlich ist das Westland außerordentlich abwechslungsreich: Wiesen und Wälder, der Süßwassersee Hopp-Schloot, die Woldedünen mit ihren bewaldeten Tälern, das Naturschutzgebiet Greune Stee und die Runde Platte liegen gen Süden. Der Norden ist geprägt von den Upholmdünen, dem Naturschutzgebiet, dem Strand, dem Muschelfeld und der FKK-Zone.

Den Eintritt in das Ostland markiert der Tüskendörsee („tüskendör“ = „zwischendurch“) als Resultat der einstigen Inselteilung. Der See entstand 1934 infolge der Eindeichung. Das Ostland ist weitgehend frei von Zivilisation. Einige einsame Bauernhöfe und Getreidefelder kennzeichnen den Übergang in die endlos erscheinende Dünenlandschaft des Nordostens, die ihren Zielpunkt in einer ausgedehnten Sandplatte findet. Zwei Kilometer gegenüber der Hornsbalje hat man einen guten Blick auf die Vogelinsel Lütje Hörn. Grünflächen und Wiesen erstrecken sich gen Süden ins Watt. Die Dünenzüge Ost, Kobbe, Oldemanns Olde und Sternklipp sind von einem Wanderwegenetz durchzogen, das den Blick auf die reiche Flora erlaubt. Von Hoge Hörn, dem Südostzipfel der Insel, führt ein Wattweg mit Pricken wieder ins Westland zum Hafen.

Als Teil des Nationalparks Niedersächsisches Wattenmeer kann Borkum mit einer beachtlichen Fauna aufwarten: 260 Vogelarten zählt man in Feuchtwiesen, in Sümpfen und im Watt. Die ganze Welt des Wassers indessen befindet sich auf Borkum hinter Glas: Das Nordsee-Aquarium zeigt zwischen März und Oktober in 26 Becken den Artenreichtum der Nordsee hautnah. An Landtieren begegnen aufmerksame Wanderer hier und dort auch Rehen. 1955 angesiedelt, ist ihr Bestand heute auf rund 100 Exemplare angewachsen. Botaniker werden auch die Flora und Fauna der Greunen Stee zu schätzen wissen: Die Kiefer-, Birken- und Schwarz-Erlen-Bestände der ehemaligen Sumpflandschaft sind einzigartig, nicht weniger die Lurche und Kreuzkröten, die hier zu Hause sind. Besucher sind allerdings zum Schutze der Natur aufgefordert, nicht von den Wanderwegen abzuweichen.

INSELLEBEN

Auf 120 Kilometern Wanderweg können Besucher Borkums die Insel erkunden. Verständlich, dass nur wenige, immer wiederkehrende Touristen von sich behaupten können, jeden Winkel auf Borkum zu kennen. Beliebte Wanderziele sind die Wracks und die Sturmecke am Nordstrand, das Dünental Kiebitzdelle mit seinen Süßwasserflächen und natürlich das Naturschutzgebiet Greune Stee. Auch die Bantjedünen bieten sich mit dem Restaurant Jägerheim für einen Ausflug an. Im Osten warten die großen Wiesenflächen auf Besucher. Wer längere Fußmärsche schätzt, macht sich zu den verstreuten Bauernsiedlungen und wogenden Kornfeldern des Ostlandes auf.

Borkum ist nicht nur Urlaubsort: *Stetig kreuzen Arbeiter der Ölgesellschaften mit ihren Motorbooten die nahen Küstengewässer.*

Borkum ist eine Stadt und mit allen Vorzügen einer solchen ausgestattet. Entsprechend weit verteilen sich die Touristen in den Straßen. Die Strandpromenade und das Areal um den Neuen Leuchtturm sind beliebte Gegenden zum Flanieren. Die Cafés Panorama, Matrix und Capri unterhalb der Strandpromenade werden ebenfalls gern besucht, Strandläufer treffen sich im „Sturmeck" am nordöstlichen Ortsrand. Die tägliche Teezeremonie hält man gern im Teehaus in der Süderstraße ab. Kinder und Familien treffen sich auf der Spielinsel in der Goethestraße oder den vier großen Kinderspielplätzen der einzelnen Strandabschnitte. Auch Laternenumzüge, Puppenspiele, Kindergottesdienste und Wattwanderungen werden von der Kurverwaltung und von privaten Anbietern veranstaltet.

Unterkünfte gibt es auf Borkum buchstäblich wie Sand am Meer. Als Traditionshaus ist seit der Kaiserzeit das Nordsee-Hotel in der Bubertstraße eine der ersten Adressen. Traditionell von der Familie Schmidt geführt, wurde das Hotel in jüngster Zeit stark modernisiert. Noch luxuriöser ist das mit vier Sternen ausgezeichnete Hotel Vier Jahreszeiten in der Bismarckstraße direkt am Hauptbadestrand: Das Hotel-Restaurant Poseidon wird von Gourmetkoch Sebastian Stüber geleitet, ein großer Wellnessbereich gibt sich in Marmor. Das Upstalsboom in der Viktoriastraße sorgt mit historischer Fassade und viel Luxus für „weißes Flair am Meer". Das hier beheimatete Fischrestaurant gehört zu den kulinarischen Höhepunkten Borkums. Ebenfalls hinter einer Gründerzeitfassade zeigt sich der Ostfriesenhof, dessen Restaurant mit innovativer deutscher Küche lockt. Das Angebot an Pensionen ist noch reichhaltiger: „Teerling's Hafen" in der Neuen Straße 10 bietet im Café Gänseliesel traditionelle Backwaren und Ostfriesentee an und ist stadtbekannt. Eine historische Kulisse bilden die Apartments des Hauses Seestern nur achthundert Meter vom Strand entfernt. Zu empfehlen sind auch die großzügigen Dachwohnungen im von Barbara Titze geführten historischen Offiziershaus in der Hindenburgstraße (Strandnähe 400 Meter). Doch auch alternative Unterkünfte werden immer wieder gern gebucht: In den Räumlichkeiten der ehemaligen Marine-Seemannschaftslehrgruppe im Stadtteil Reede residiert heute die größte Jugendherberge Europas. Der Campingplatz an der Hindenburgstraße am Stadtrand ist ebenfalls immer eine willkommene Abwechslung.

Die alte Inselbahn *zieht auf den Spuren der Vergangenheit durch das moderne Borkum.*

Wer auf Borkum die kulinarische Wahl hat, hat auch die Qual: Die Fischerkate (Hindenburgstr. 99) hat sich als Gourmettreffpunkt unter Fischliebhabern etabliert. Für den prallen Geldbeutel locken die Küchen der großen Hotels. Doch glänzt Borkum auch im bodenständigen Bereich: Wilhelm Raus Metzger-Grill (Neue Str. 30) ist mit Wurst, Eintopf und Bier ein beliebter Treffpunkt, ebenso wie der urige Upholmhof mit Biergarten und Grill. Pioniere einer neuen deutschen Küche trifft man bei Swarte Evert (Reedestr. 5) an. Doch auch jenseits des Stadtzentrums finden sich lohnende Plätzchen: Der Aussicht auf die vorbeifahrenden Schiffe wegen ist die „Heimliche Liebe" (Süderstraße 91) besonders beliebt. Empfehlenswert ist auch das Restaurant am Yachthafen (Am Neuen Hafen 2) mit seiner gutbürgerlichen Küche. Wer den Abend nicht abwarten kann, lässt sich schon einmal an einer der Strandbuden mit Bockwurst und Pommes Frites verköstigen.

WELLNESS UND GESUNDHEIT

Durch die pollenarme, jodhaltige Luft Borkums ist das Inselklima besonders geeignet zur Bekämpfung von Atemwegserkrankungen. Wo seit 1970 das Meerwasserhallenbad als eines der ersten modernen Wellenbäder der Inseln lockte, eröffnete 2005 das Erlebnisbad „Gezeitenland". Gestaltet im Schiffsdesign, stehen hier auf 8.000 m² gleich drei Etagen zum Entspannen zur Verfügung: Die Badeebene bietet große Becken, Strömungskanal, Riesenrutsche und Surfanlage („Flowrider"). Aromaöl-, Pantai-Luar- und Hot-Stone-Massagen werden auf dem Wellnessdeck angeboten. Auf der Saunaebene stehen Aroma-, Aufguss-, Dampf- und Panoramasauna sowie eine Vita-Bar bereit. Daneben können hier auch auf Rezept klassische Kuranwendungen wie Schlickpackungen, Solebäder, Inhalationen, Drainagen oder Marnitz-Therapien in Anspruch genommen werden. Das „Gezeitenbad" hat die Konkurrenz inzwischen weitgehend verdrängt. Ein kleiner Ableger der Friesentherme mit einem Wellnessprogramm befindet sich noch im Nordseehotel. Ebenfalls einen Besuch wert ist die Strandsauna in den Dünen, von der aus ein direkter Übergang in die Nordsee möglich ist.

***Der Musikpavillon** an der Strandpromenade wurde zu Pfingsten 1932 eingeweiht und bietet noch heute eine nostalgische Kulisse für Kurkonzerte.*

KULTUR UND UNTERHALTUNG

Borkums Kulturprogramm ist nicht besonders reichhaltig, aber vielseitig. Das Kurfilmtheater gehört zu den alteingesessenen Institutionen und zeigt Blockbuster der letzten Saison. Am Abend trifft sich das jüngere Publikum in den Clubs und Cocktailbars in der Bismarckstraße, darunter der „Inselkeller", die „Kajüte" oder die Cocktailbar „Carlitos". Muntere Partystimmung für Ü30er findet sich in der „Strandschlucht" (Gorch-Fock-Str. 8). Freunde des Glücksspiels können in der Spielbank Borkum (Georg-Schütte-Platz) ihre Einsätze leider nur am Automaten platzieren. Kunst lässt sich im „Atelier am Meer" erleben: Hier werden Werke norddeutscher Künstler ausgestellt und verkauft. Das Heimatmuseum Dykhus zeigt ein vollständig erhaltenes Pottwalskelett. Freunde der Nautik und der Seeabenteuer kommen bei einer Besichtigung des Feuerschiffs Borkumriff auf ihre Kosten: Das Boot, das 1956 bis 1988 als Seezeichen den Weg in die Emsmündung wies, ist heute ein Schifffahrtsmuseum und zeigt darüber hinaus Ausstellungen der Nationalparkverwaltung.

***Das Pottwal-Skelett** im Dykhus gehört bei Groß und Klein zu den großen Touristenattraktionen.*

DER WEG AUF DIE INSEL

Der klassische Weg nach Borkum führt mit der Fähre vom Emdener Außenhafen zum Inselanleger, die Fahrtdauer beträgt 2 1/2 Stunden. Gegen Aufpreis lässt sich die Strecke in knapp einer Stunde mit dem „Katamaran" bewältigen. Von Bremen und Düsseldorf kann man die Insel auch mit dem Flugzeug erreichen (Flugdauer ca. 30 Minuten).

Dichte Wolkenformationen *und eine spiegelglatte See lassen die Strandpromenade Borkums an kalten Tagen beinahe skandinavisch wirken. Gut eingepackt genießen Urlauber diese außergewöhnliche Atmosphäre an den wechselhaften Herbsttagen.*

Historischer Badekarren: *1888 verfügte Borkum bereits über 44 Badekarren. Vor dem Ersten Weltkrieg war der Bestand bereits auf 100 angewachsen. Die später ausrangierten Vehikel stehen heute frisch bemalt als Ausstellungsstücke am Borkumer Strand und erinnern an die guten alten Badezeiten.*

Auf Borkum ist der klassische Strandkorb *selten zu sehen. Die Strandkorbvermieter Janssen und Berents setzen auf ein leichteres Modell, das an die Umkleidekabinen alter Zeiten erinnert. Seine leuchtenden Stoffbahnen tauchen den Strand Borkums im Sommer in ein buntes Farbenmeer.*

Seite 22 Ein Abendspaziergang *an der Borkumer Strandpromenade bei Sonnenuntergang. Der Musikpavillon schafft mit Jazz- und Klassikkonzerten eine lebendige städtische Kulisse.*

***Ein Spaziergang** durch die idyllischen Salzwiesen ist ein beliebtes Freizeitvergnügen. Man sollte aber niemals von den bezeichneten Wegen abweichen. Die Salzwiesen bilden den Übergang zwischen den vom Salzwasser bestimmten Meerlandschaften und dem Festland.*

***Die verdorrten Überreste** inseltypischer Baumarten übernehmen heute die Aufgabe kleiner Wellenbrecher. Mit ihren bizarren und geheimnisvollen Formen regen sie zugleich die märchenhaften Phantasien vorbeilaufender Touristen an.*

CVJM
ORANIEN 4

Stadtzentrum Borkum: Obwohl Autos *auf Borkum erlaubt sind, reisen Touristen am liebsten mit der Pferdekutsche durch das Stadtzentrum.*

Seite 26 Die Südpromenade *des Borkumer Strandes verbreitet vor der Kulisse des 1879 erbauten Leuchtturms und den großen Hotels der Gründerzeit eine historische Atmosphäre. Die bunt gestreiften Strandkabinen unterstreichen das nostalgische Ambiente.*

Der 1879 errichtete Neue Leuchtturm *strahlte ursprünglich mit einem offenen Feuer. Heute erzeugen sechs große Linsenfelder drei Strahlenpaare mit einer Lichtstärke von insgesamt sechs Millionen Candela. Vorbeifahrenden Schiffen dienen die regelmäßig wiederkehrenden Doppel-Blitz-Formationen noch in einer Entfernung von 40 Kilometern als Orientierungshilfe.*

6

Borkum entging im Zweiten Weltkrieg *einem geplanten großflächigen Bombardement. Die Bomben detonierten im Watt. Dennoch prägt Nachkriegsarchitektur das Ortsbild, das jedoch frei von größeren Bausünden ist.*

Juist Töwerland – die kinderfreundliche Zauberinsel

Einwohner:	1.800
Touristen pro Jahr:	100.000
Seeheilbad seit:	1840
Größe:	16,5 km^2

Ortsansicht Juist: *Zweistöckige rote Klinkerhäuser bestimmen das Stadtbild von Juist. Der Turm der evangelischen Inselkirche dient zur Orientierung. Die Geschichte der Gotteshäuser auf Juist ist bewegt: 1651, 1715 und 1717 wurden drei Kirchen vom Meer zerstört. Eine weitere wurde 1963 abgerissen.*

Juist ist 14 km lang und nur 500 m breit. In ihrer Form gleicht die Insel heute eher einem Schiff aus Sand als einem bewohnten Eiland. Juist verfügt über 17 km Strand, und das macht es für Urlauber so attraktiv. Bei nur 1.800 Einwohnern zählt man jährlich rund 100.000 Gäste! Darunter so prominente Urlauber wie Harald Schmidt, Günther Jauch oder Gerhard Schröder. Die Einheimischen nennen ihre Insel auch „Töwerland". Das Wort „Töwer" bedeutete in der friesischen Sprache so viel wie „Zauber", und so ist es kein Wunder, dass die Juister auf diesen Zusatz im Inselnamen gerne bestehen. Zu Recht: Schon die Anfahrt auf Juist durch die maritime Welt der Nordsee strahlt eine gewisse Magie aus. Vorbei am Kalfamer, dem Juister Ostende, nähert sich die Fähre dem Land immer wieder für kurze Zeit und fährt schließlich in die verschlungenen Fahrrinnen des Juister Watts ein. Eine Einfahrt ist nur bei Flut möglich. Angekommen im 1986 neu angelegten Hafen, steht der Besucher dafür aber gleich mitten im Leben dieser turbulenten und zugleich äußert entspannten Insel.

Juist ist in jeder Hinsicht touristengerecht. Da hier erst in den 20er Jahren der Tourismusbetrieb professionell aufgenommen wurde, achteten die Stadtarchitekten von Anfang an darauf, den Touristen das Leben möglichst angenehm zu gestalten. Zwar müssen Urlauber für die Dauer ihres Aufenthalts auch auf Juist auf ihr Auto verzichten, doch macht das gut strukturierte Angebot aus Fahrradverleihen, Inselbahn und Ponybussen den Verlust schnell wieder wett. Besonders auf die Kinderfreundlichkeit ihrer Insel legen die Juister großen Wert: Tageskindergärten, Strandbetreuer, Spielplätze und Attraktionen gibt es en masse, so dass nicht nur die Kleinen auf ihre Kosten kommen, sondern auch die Eltern immer wieder die wohlverdiente Ruhe genießen können. Eine reiche Flora und Fauna, attraktive Ausflugsziele wie Leuchttürme, Wattlandschaften,

Robbenbänke oder die Vogelinsel Memmert sowie ein variantenreiches, aber nie aufdringliches Kulturprogramm bieten Unterhaltung für die ganze Familie. Die „neue" Tourismusfreundlichkeit Juists hat aber auch in gewisser Weise Tradition: Der Inselpastor Gerhard Janus (1771–1789) gilt als „Vater des Seebädergedankens".

HISTORISCHES

Der Weg der Insel Juist von einer Agrarregion zum Nordseeheilbad vollzog sich keineswegs konsequent. Vielmehr war er die Folge von Naturkatastrophen. Die 1398 erstmals urkundlich erwähnte Insel war im 16. Jahrhundert ein kleines, aber florierendes Agrarzentrum, das seinen Namen Juist (von „güst", friesisch für „unfruchtbar") eigentlich zu Unrecht trug. Die Grafen von Friesland bewirtschafteten hier gar ein eigenes Gestüt. Juists Wohlstand war größer als der des rivalisierenden Borkum. Das 17. Jahrhundert setzte dieser Erfolgsgeschichte ein jähes Ende: Die Sturmfluten der Jahre 1628, 1651 und 1717 rissen nahezu alle landwirtschaftlich nutzbaren Flächen hinweg, halbierten die Inselfläche und zerlegten Juist darüber hinaus in zwei Teile. Erst 1900 „wuchs" die Insel allmählich wieder zusammen. Die Bewohner wandten sich dem Fremdenverkehr zu. Obwohl Juist bereits 1840 zum Nordseeheilbad erklärt wurde, begann eine eigentliche Kommerzialisierung des Kurbetriebes erst im frühen 20. Jahrhundert. Der späte und gleichsam totale Wandel gab den Tourismusplanern die Möglichkeit, Hafen und Architektur perfekt an die Erfordernisse der Urlauber anzupassen.

Fast verlassen *wirkt der sonst so quirlige Juister Strand, wenn auf der Insel Regen und Wind ihr Unwesen treiben.*

LANDSCHAFT UND ARCHITEKTUR

Das heutige Juist hat einen Flächenumfang von 16,5 km^2. 490 ha davon sind Dünen, 410 ha werden als Hellerweiden genutzt. Zum Großteil liegen diese außerhalb der Eindeichung. Ohnehin wird sich der Besucher wundern, dass Juist kaum über Bollwerke gegen die See verfügt. Der Grund ist einfach: die verheerenden Sturmfluten der Vergangenheit haben bereits das meiste „unsichere" Land vernichtet, so dass das stark verschmälerte Juist heute quasi fest wie ein Fels in der Brandung steht. Die einst errichteten Strandbefestigungen (1913–1921) sind heute überflüssig und unter Inselsand begraben. Seit 1994 aber hat Juist ein neues Problem:

Die Ufermauer *an der Wattseite Juists weist Wattwanderern den Weg.*

Pferde auf Juist: Für Pferde und Fohlen bieten die Heller Juists ausreichend Nahrung. Anders als auf den meisten Ostfriesischen Inseln hat die Pferdezucht auf Juist eine lange Tradition. Der Graf von Ostfriesland beabsichtigte bereits im 16. Jahrhundert, sich auf Juist ein gräfliches Gestüt zu errichten, das ihm aber in den Sturmfluten des 17. Jahrhunderts überwiegend verloren ging. Ob die heutigen Vierbeiner Nachfahren dieser gräflichen Sippe sind, ist unklar, doch die Juister Pferde genießen nicht nur als Transportmittel einen hervorragenden Ruf.

Weißdorn: *Die mehligen Früchte des Weißdorns hat manches Kind wohl schon aus Versehen gekostet. Mit seinen Dornen, weißen Blüten und kirschroten Früchten kann er bis zu zwölf Meter in die Höhe wachsen.*

Aufgrund von Veränderungen im Transportschifffahrtsverkehr wird hier kein Sand mehr angetragen. Natürliche Dünenverluste können so nicht mehr ausgeglichen werden, die Dünen schrumpfen und zerklüften. 15 Meter Düne ging allein im Westen verloren. In einem Gewaltakt stellte man mit 120.000 m^3 Sand den ursprünglichen Zustand vorerst wieder her.

Die längliche Insel Juist erstreckt sich vom „Bill“ im Westen bis zum „Kalfamer“ und den Muschelfelder im Osten in leicht nördlicher Richtung. Ein einziger, mittelhoher Dünenkamm verläuft längs durch die Insel. West- und Ostbake signalisieren Juists Anfang und Ende nicht nur für den Schiffsverkehr, sondern dienen auch den Touristen zur Orientierung. Wie die Perlen auf einer Schnur sind um den Dünenkamm von West nach Ost kleine Naturphänomene aufgereiht. Hinter dem Billriff und den Haakdünen beginnt das Naturschutzgebiet Bill mit der Vogelkolonie. Weiter östlich stößt man auf Grünflächen und die künstlichen Hammerdünen. Hier liegt auch der legendäre Hammersee. Der 1,8 km lange Süßwassersee verdankt seine Entstehung der Petriflut von 1651, die die Insel auseinanderriss, und der künstlichen Wiederzusammenfügung der Inselteile im Jahr 1932. Östlich des Hammersees liegt das Loog mit Wohnsiedlung, Strand, Museum und Jugendherberge. Der eigentliche Ort Juist liegt in der geographischen Mitte der Insel. Zur offenen See nach Norden findet man die Badestrände des West- und Ostbades. Der Schiffsanleger zeigt zur Wattseite.

Alter Bahnhof: *„Oh wie blass! Hut ab!" Mit diesem Spruch pflegten die Juister einst ihre Gäste am Bahnhof willkommen zu heißen. Heute sind die Gäste meist vorgebräunt, und der Bahnhof ist geschlossen. Bis ins 20. Jahrhundert pendelte hier eine Lok zwischen dem Anleger im Wattenmeer und der heutigen Gaststätte „Kompass".*

Schwarz-Erle: In Feucht- und Überschwemmungsgebieten gedeiht die Schwarz-Erle aus der Familie der Birkengewächse hervorragend. Ein wenig hutzelig und verschlungen, regt sie dazu an, in ihrer Nähe alte Inselmärchen zusammenzudichten. Die Schwarz-Erle ist auf Juist besonders häufig, und die Juister können darauf stolz sein, war sie doch 2003 immerhin der „Baum des Jahres".

Östlich vom Ort Juist beginnt das weiträumige Landschafts- und Vogelschutzgebiet mit den berühmten Goldfischteichen. Hier finden sich auch die Überreste der ehemaligen „Jaguarstellungen“ aus dem Zweiten Weltkrieg. Am nordöstlichen Rand Juists erhebt sich die Aussichtsdüne. Den Abschluss der Insel bilden die Ostbake und der Kalfamer. Die Südwestspitze ist durch Muschelfelder gekennzeichnet; sie sind das klassische Ziel jeder Inselumwanderung.

Architektonisch wird der Ort Juist von zweistöckigen Klinkerbauten des 20. Jahrhunderts bestimmt. Ältere Bausubstanz sucht man nahezu vergeblich, doch wurden Neubauten und Hochhäuser bei der Stadtplanung vermieden. Zwei frühneuzeitliche Häuschen und das Haus „Siebje“ (1811) am Janusplatz wurden vom Heimatverein liebevoll restauriert. Sehenswert und zugleich Orte der Begegnung sind die beiden Kirchen von Juist, obwohl sie jüngeren Datums sind. Die Vorgänger der sechsten evangelischen Kirche in

Austernfischer: Sie gehören zum Nordseewatt wie Ebbe und Flut. Die schwarz-weiß gefiederten Vögel mit rotem Schnabel ernähren sich von Würmern, Krebsen und Insekten, gelegentlich auch von den Tellern der Touristen. Der Austernfischer ist schließlich ein geselliges Tier, das auch vor Menschen keine Scheu hat. Austernfischer können bis zu 40 Jahre alt werden und sind gerne sesshaft.

der Wilhelmstraße versanken einst im Meer. Das Gebäude aus dem Jahr 1964 glänzt mit einem von Juister Schülern erstellten Mosaik, das den Fischzug des Petrus zeigt. Die Kanzel stammt aus dem Jahr 1732. Die katholische Kirche in der Dünenstraße wurde 1911 im wilhelminischen Stil erbaut und steht zum Meditieren und Beten offen. Die stetige Expansion des Tourismus reizt die Juister aber zu immer neuen Bauvorhaben: 1986 entstand der neue Hafen, 1992 der neue Turm Memmert. 2007 gab der niedersächsische Ministerpräsident Wulff den Startschuss zum Bau der Juister Seebrücke.

***Das beliebteste Verkehrsmittel** auf Juist ist der Pferdebus. Regelmäßig verkehren die Wagen mit zwei Pferdestärken und bis zu 20 Reisenden wie zu Omas Zeiten zwischen Juist Ort und dem Loog oder zwischen Hafen und Hotel. Wetterfest sind sie auch bei Sturm und Regen.*

Auch Juist ist Teil des Nationalparks Niedersächsisches Wattenmeer und verfügt am linken Ortseingang über ein Nationalparkhaus. Doch sind es eindeutig die Vögel, denen Inselbewohner und Urlauber hier ihr größtes Augenmerk zuwenden: Der ausgeprägte Sinn der Juister für das Ornithologische steht in engem Zusammenhang mit dem niedersächsischen Naturkundler Otto Leege. Dieser gründete 1888 eine Vogelkolonie im Westen Juists und sorgte für den Erhalt gefährdeter Brandgänse, Austernfischer, Rotschenkel und Enten. Den Juist vorgelagerten Memmert verwandelte Leege 1907 in ein einzigartiges Vogelschutzreservat, das jedoch nur für Fachpublikum zugänglich ist. Besonders die Bestände von Seeschwalben und Silbermöwen sind beachtlich. Das Vogelschutzgebiet im Juister Süden beherbergt weitere seltene Arten. 2008 kommt mit dem Otto-Leege-Lehrpfad im Norden eine weitere Vogelattraktion hinzu.

INSELLEBEN

Die Juister Strandstraße mit ihren bronzenen „Strandloopern“ (Strandläufern) ist die Promeniermeile von Juist. Badegäste flanieren hier gerne in der neuesten Strandmode. Eiscafés und Souvenirläden reihen sich aneinander. Am 2005 renovierten Kurplatz versammeln sich vor allem nach dem Sonnenbad Jung und Alt. Während die Kinder und jung gebliebene Modellbaufans sich am Schiffchenteich in Miniaturnautik üben, lassen sich die Erwachsenen im Café zum Sehen- und Gesehenwerden nieder. Zentraler Treffpunkt ist auch auf Juist das Haus des Kurgastes, das inzwischen neben den klassischen Behaglichkeiten wie Bibliothek, Tischtennisplatte und Billardraum natürlich auch längst mit einem Internet-Café ausgerüstet ist. Der Seglerhafen im östlichen Hafen-

Villa Seestern: *Kleine Pensionen wie die Villa Seestern in der Friesenstraße gehören zum klassischen Unterkunftsangebot der Insel Juist. Für knapp 100 Euro ist ein Doppelzimmer in der Hauptsaison zu haben.*

bereich ist ein weiterer beliebter Treffpunkt. Das nahe gelegene Hafenrestaurant mit seinen Fischspezialitäten ist eine ideale Aussichtsplattform für Flaneure. Windsurfing, Kitesurfing und Drachenfliegen gehören zu den beliebten Urlaubsaktivitäten am langen Juister Strand, auf dem sich diverse Verleiher tummeln.

Der Janusplatz steht als eine für Juist überraschend grüne Oase im Ortszentrum zur Entspannung offen. In einem alten Inselhäuschen sorgt hier Lütjes Teehaus für historische Atmosphäre. Apfelkuchen, Bienenstich und Tee bietet das Café Wilhelmshöhe ausgehungerten Inselwanderern. Das Traditionslokal liegt seit 1929 östlich vom Dorfkern in hoher Dünenlandschaft und ist auch aufgrund der schönen Aussicht ein klassisches Ausflugsziel, das auch als Hotel Unterkunft bietet. Die „Domäne Bill" am Westende belohnt Wanderer mit traditionellen Stuten, Milchreis und Erbsensuppe. Hummerfreunde werden seit 1952 im „Hummer Köbes" hinter dem Ostbad fündig. Gourmets bevorzugen das Hotelrestaurant Pabst in der Strandstraße. Das Haus ist dank nobler Ausstattung und seiner Panoramaaussicht zugleich eine der begehrtesten Unterkünfte auf Juist. Das 2005 eröffnete beschauliche Haus Köbesinchen in der Cirksenastraße bietet hochwertiges Ambiente und eine 940 m² große Gartenanlage. Pompös geht es im ausgezeichneten Strandhotel Kurhaus Juist direkt am Strand zu. Das „weiße Schloss am Meer" wurde 1898 als Kurhaus eröffnet und 1998 zum Nobel- und Wellness-Hotel umgestaltet.

WELLNESS UND GESUNDHEIT

Auch wenn es oft vergessen wird: Juist ist in erster Linie ein Heilbad. Allergische Krankheiten aller Art und exsudative Diathese lassen sich hier mit Meerwasser- und Freiluftbädern, aber auch mit Schlickbädern und Packungen erfolgreich und auf Rezept bekämpfen. Als Wellnessoase steht das 1998 neu eröffnete Meerwasser-Erlebnisbad in imposanter Dünenkulisse am Ostbad zur Verfügung. Das Meerwasser wird hier aus einem 100 m tiefen Nordseebrunnen gefördert. Grotten und Wasserfälle sorgen für tropische Impressionen. Das ebenfalls hier beheimatete Wellness-Zentrum „TöwerVital" bietet neben klassischen Saunen und Bädern auch Reiki, Thalasso, Aroma-Öl oder Ayurveda an. Auch das „Thalasso S.P.A."- Angebot im Strandhotel Kurhaus Juist gehört unbestritten zu den Wellness-Highlights der Insel. Klassische Vergnügungen, die wenig kosten, sind die Strandgymnastik am Hauptstrand und am Loog. Yoga-Kurse finden im Haus des Kurgastes statt.

***Die blauen Hochsitze** der Strandwächter gehören zu Juist wie das Meer. Die Erholungszone Nordstrand umfasst drei Badestrandabschnitte (km 5,1–6,5 „Loogbad"; km 6,5–8,0 „Westbad"; km 8,0–9,5 „Ostbad"). Die befestigten Hochsitze zur Strandbewachung wurden in regelmäßigen Abständen aufgestellt.*

KULTUR

Ein Klassiker des Juister Kulturprogramms sind natürlich die Kurkonzerte in der Musikmuschel am Kurplatz. Unterhaltungsmusik und gepflegte Klassik werden hier von einem virtuosen, durchweg ungarischen Kurorchester dargeboten. Trotz Renovierung herrscht eine überaus charmante 50er-Jahre-Atmosphäre. Beliebt sind vor allem die „Fackelkonzerte", die z. B. unter dem Motto „Pop goes Classic" an Sommerabenden veranstaltet werden. Einen weiteren kulturellen Höhepunkt bildet das Juister Musikfestival, das alljährlich zu Himmelfahrt am Kurplatz veranstaltet wird. Für Kinder dürfte die „Wattexkursion mit Heino" (Die Sendung mit der Maus) zum absoluten Pflichtprogramm zählen. Doch auch für Erwachsenenbildung ist gesorgt: Das Nationalparkmuseum veranstaltet regelmäßige Vortragsreihen und Ausstellungen rund ums Wattenmeer. Das Ortsmuseum glänzt besonders durch seine Abteilung „Seenot", die Bergungsaktionen und damit verbundene Abenteuer plastisch dokumentiert. Das Haus „Siebje" am Janusplatz veranstaltet in regelmäßigen Abständen kunsthandwerkliche Ausstellungen. Die schönsten Attraktionen auf Juist bleiben aber das alte Memmertfeuer des Leuchtturms, das nachts im 13-Sekunden-Takt in Längsrichtung über Juist strahlt, und natürlich die idyllischen Sonnenuntergänge am Meer.

DER WEG AUF DIE INSEL

Juist erreicht man mit der Fähre von Norddeich aus. Der Juist-Anleger liegt rechts hinter dem Hotel Fährhus. Die Überfahrt dauert neunzig Minuten. Die Fähren fahren zweimal am Tag. Für Flugreisende steht der kleine, aber geschäftige Flughafen Juist zur Verfügung.

Juister Nordstrand: *Der weiche, weiße Sand, der die Nordküste von Juist beinahe vollständig bedeckt, verleiht der Insel bei gutem Wetter ein beinahe karibisches Flair.*

1939 bis 1986 *strahlte es von der Vogelkolonie Memmert westlich der Insel, dann wollte die Seewacht das Juister Leuchtfeuer entsorgen. Die Juister haben um den Erhalt des Memmertfeuers hart gekämpft. 1992 erbaute man ihm einen neuen Leuchtturm auf dem Hafengelände, der zwar für die Schifffahrt keine Bedeutung hat, aber längst zu den Wahrzeichen der Insel gehört. Das Leuchtfeuer blinkt im 13-Sekunden-Takt längs über die Insel.*

Seite 40 Juister Watt: *Die Reflexionen der Sonne auf dem Juister Watt bei Ebbe sind ein kleines Naturschauspiel. Wanderungen am Watt gehören zum Pflichtprogramm eines jeden Juist-Besuches. Das Tourismusbüro bietet Watt-Erlebnistouren oder Motto-Touren wie „Juist geformt von Wind und Wasser“ an.*

Raues Ostfriesland: *Die Dünenkämme auf Juist sind dennoch auch bei stürmischem Wetter ein kleines Idyll; bei schwach bewölktem Himmel wiegen sich die Gräser sanft im Wind. Hier hat schon so mancher Hobbymaler mit Staffelei und Pinsel bewaffnet ein kleines Meisterwerk vollbracht.*

Seite 44 *Wie ein Schloss erhebt sich das alte Kurhaus am Strand und erinnert an die Zeiten, als König Friedrich August III. von Sachsen oder der amerikanische Orgelkönig Rudolph Wurlitzer über die roten Teppiche schritten. 60 Millionen Euro und 30.000 Materialanfahrten waren nötig, um das heruntergewirtschaftete Gebäude 1998 wieder in Pomp und Gloria herzustellen. Heute lädt das mit „drei Lilien" ausgezeichnete Strandhotel Kurhaus Juist wieder begüterte Gäste zu Tisch und Nachtruhe.*

Seltener Anblick: *Juist war in der Frühneuzeit einmal eine blühende Agrarregion, Weißmöwen traf man allerorten an. Heute sind idyllische Szenen wie diese selten geworden. Eine ausgedehnte Inselwanderung gestattet aber bei wachem Auge einen Blick in die Vergangenheit.*

Auf acht Beinen über die Insel: *Die Juister Pferdebusse sind vor allem bei kleinen Inselgästen beliebt.*

Märchenhaftes Juist: *Schwarz-Erlen flankieren die kleinen Wanderwege.*

Häuser am Watt: *Die Stirnseite der Baltrumer Klinkerbauten schaut traditionell zum Watt. Von Wiesen und Weideland umgeben, erlebt man hier eine typisch ostfriesische Landschaftskulisse, die gerade bei Regenwetter viel Atmosphäre ausstrahlt.*

Ostfriesland aus dem Bilderbuch: *Die Feuchtwiesen am Juister Loog.*

Das Loog: *Weniger populär als der Ort Juist selbst ist das Loog. Hier haben vor allem Individualurlauber ihr Zuhause. Ein Strand, ein Museum, eine Jugendherberge und die Nähe zu Bill und Hammersee machen die Siedlung auch zum bevorzugten Ziel für Naturfreunde.*

Ebbezeit am Strand: *Weit öffnet sich der Blick über den breiten Strand von Juist bei Ebbe. Der Sonnenaufgang ist nicht nur für geübte Frühaufsteher ein lohnendes Naturereignis.*

Juister Strand: *Bei gutem Wetter ist der Juister Strand ein Idyll. Wer in der Hauptsaison dazu noch ein Dach über dem Kopf haben möchte, sollte sich rechtzeitig einen Strandkorb bei einem der zahlreichen Vermieter reservieren.*

Norderney – Die Königin der Nordsee

Einwohner:	6.200
Touristen pro Jahr:	300.000
Seeheilbad seit:	1799
Größe:	25 km²

Die Dampfschiffverbindung Norddeich–Norderney *begründete Norderneys Erfolgsstory. Die Jungfernfahrt unternahm das Dampfschiff „Stadt Norden" 1872.*

Fünfzehn Kilometer in der Länge und zwei Kilometer in der Breite misst die Königin der Nordsee, die als dritte Insel von rechts zwischen dem quirligen Juist und dem einsamen Baltrum stolz und mondän in den rauen Wogen des Meeres thront. Mit 300.056 Gästen und 3,2 Millionen gebuchten Übernachtungen jährlich ist Norderney mit großem Abstand die beliebteste deutsche Nordseeinsel. 6.200 Einwohner leben hier fast ausschließlich vom Tourismus. Zu allen Zeiten beanspruchte die Insel Norderney gegenüber ihren Nachbarn eine unangefochtene Spitzenposition, wenn es um die Werbung neuer Urlauber ging. 1797 war Norderney das erste anerkannte Nordseeheilbad, 1799 entstand hier das erste Kurhaus, 1908 eröffnete hier der erste Familienstrand, 1922 der erste Inselflughafen. 1948 erhielt Norderney als erste Ostfriesische Insel Stadtstatus, und 1959 sprengte man erstmals die magische 100.000-Grenze bei den jährlichen Besucherzahlen. Selbst bei der Modernisierung der guten alten Kurkarte preschte Norderney 1997 mit einem neuen, besucherfreundlichen Kartensystem vor. Auch von der Wende profitierte die Insel wie keine zweite und konnte ihre Besucherzahlen damals von 150.000 (1987) auf 223.793 (1991) noch einmal um die Hälfte steigern.

Obwohl Norderney unter den Ostfriesischen Inseln wirtschaftlich ungeschlagen in Führungsposition ist, mögen sich die Insulaner nicht auf ihrem Ruhm ausruhen. Seit der Kommunalisierung des Staatsbades im Jahr 2003 kam es zu umfangreichen Umstrukturierungen, wobei manche liebgewonnene Tradition aus Gründen wirtschaftlicher Effizienz weichen musste, darunter die historische Druckpresse der „Norderneyer Badezeitung" oder das Erlebnisbad „Die Welle". Mit dem „bade:haus", dem frisch renovierten Kurtheater, einem historischen Bazargebäude, dem Bademuseum, dem Stockanker-Denkmal und einem neuen NorderneyCard-System trat die Insel 2004 bis 2007 auf diese Weise noch einmal in eine neue Tourismusdimension ein. Ein klein wenig neidisch macht dies die Nachbarinseln natürlich manchmal schon, weswegen sie sich bei der Imagebildung teils ganz bewusst vom Kurbetrieb auf Norderney distanzieren.

Noderney ist dem klassischen Kurbetrieb noch stark verbunden. Trotz der vielen modernen Bauten kommt hier vor allem im Kurviertel an lauen Sommernachmittagen zwischen Kurkonzert und Kaffeekranz manchmal noch echte Gründerzeitstimmung auf. Der vierzehn Kilometer lange Strand mit der mächtigen Strandpromenade verbreitet an vielen Stellen noch den Charme der 50er Jahre. Das ansonsten so städtische Norderney ist aber auch ein Ort der Entspannung und Erholung: Ein 80 Kilometer langes Rad- und Wanderwegnetz spannt sich durch die einsamen Landschaften von der Weißen Düne über das Vogelschutzgebiet bis zur Ostbake. Norderney ist darüber hinaus ein Ort, der nicht nur in den Sommermonaten zum Leben erwacht. Auch im Frühjahr, Herbst und Winter herrscht hier Urlaubsstimmung von früh bis spät. Und so ist es kein Wunder, dass durch die Jahrhunderte immer wieder Berühmtheiten wie Heinrich Heine, Otto von Bismarck, Theodor Fontane, Gustav Stresemann, Willy Brandt oder Norderney-Fan Franz Müntefering von der Königin der Nordsee schwärmten.

HISTORISCHES

Die Geschichte Norderneys liegt, was die Antike und das Mittelalter betrifft, weitgehend im Dunkeln. Wohl im 13. Jahrhundert wurde die Insel besiedelt, die 1398 unter dem Namen „Osterende“ erstmals in den Urkunden erwähnt wird. Seit 1549 findet man das Eiland als „Norder Neye Oog“ (Nordens neue Insel), dann als „Norderney“ in Karten und Atlanten. 1650 lebten hier rund 100 Einwohner, die sich von der Strandgutbergung und der Fischerei ernährten. Die Weihnachtsflut des Jahres 1717 verkleinerte die Insel erheblich. Am 3. Oktober 1797 gab der preußische König Friedrich Wilhelm I. der Eingabe der ostfriesischen Stände zur Errichtung eines Seebades auf Norderney statt. Das Seebad stand unter der Leitung des Medizinalrates Dr. von Halem und wurde 1800 vor 250 Kurgästen feierlich eröffnet. 1806 kam der bereits auf Hochkonjunktur laufende Kurbetrieb infolge des Napoleoni-

***Das Heinrich-Heine-Denkmal** (1983) gehört zu den Wahrzeichen der Stadt. Der Romantiker verfasste auf Norderney 1825/ 26 seine berühmten Meeresballaden.*

schen Krieges vollständig zum Erliegen. 1811 besetzten französische Truppen die Insel und legten Verteidigungsanlagen an. Erst 1815 konnte von Halem das Projekt wieder aufnehmen; unter Hochdruck entstanden nun Logierhäuser, Kuranstalten, Promenaden, Schiffsanleger und Deiche. Nach dem Übergang Ostfrieslands zum Königreich Hannover (1815) wurde Norderney 1822, nun mit einem neuen Kurhaus und einem Spielcasino ausgestattet, Königlich Hannoversche Seebadeanstalt. Der Kronprinz Georg wurde ab 1836 dauerhafter Kurgast und wählte 1851 Norderney als Sommerresidenz für seine Familie. 1866 fiel die Insel wieder an das Königreich Preußen. Mit 4.018 Einwohnern, Kanalisation, Wasserwerk, elektrischer Beleuchtung, Gaswerk und Pferderennbahn hatte Norderney zur Jahrhundertwende bereits nahezu städtischen Charakter erlangt. 1911 zählte man 47.000 Kurgäste, das Bad galt als ein Urlaubsort vor allem der oberen Klassen. Der Erste Weltkrieg führte zur Einstellung des Badebetriebes. Von 1918 bis 1925 steigerte sich die Besucherzahl wieder auf 38.140. 1922 bis 1926 wurde der Flugverkehr nach Norderney aufgenommen, der bald 2.000 Menschen jährlich auf die Insel brachte. Ab 1935 bauten die Nationalsozialisten die Insel zum Militärstützpunkt aus, 1939 wurden hier starke Truppenverbände stationiert. 1946 bis 1951 nahmen die Briten die Insel als Soldaten-Erholungsheim in Besitz, im Jahr der Rückgabe schnellten die Besucherzahlen bereits auf 68.000 Personen, bis man schließlich 1959 die magischen 100.000 sprengte. Zahlreiche Maßnahmen verbesserten seitdem die touristische Infrastruktur, die wichtigsten waren das Veranstaltungszentrum „Haus des Kurgastes" (1977), die „NorderneyCard" (1997) und das neue „bade:haus" (2005). 2,8 Millionen Übernachtungen zählte man schließlich 2006. Die Sturmfluten 1962, 1976, 1981, 1994 und die Regenflut des Jahres 2002 überstand die Insel nicht unbeschadet, aber ohne größere Folgen. Politisch vollzog sich die Wende im Jahr 2003, als Norderney – seit 1947 staatliches Nordseeheilbad – kommunalisiert wurde.

ARCHITEKTUR UND NATUR

Natur und Zivilisation haben sich die Insel Norderney untereinander streng aufgeteilt. Der Westen gehört den Menschen: Die sieben Kilometer lange, asphaltierte Strandpromenade führt vorbei an den drei Strandabschnitten Westbad, Kaiserwiese und Nordstrand.

Dahinter erstreckt sich die Stadt, in ihrem Süden das historische Kurviertel mit Kurhaus (1822/1840) und Kurtheater (1890). Um die Postraße, Jann-Berghaus-Straße und Friedrichstraße liegen die Wohnhäuser und das Einkaufsgebiet. Die Architektur der Stadt bietet eine attraktive Mischung: Klassizismus, Jugendstil und Moderne in einem ausgewogenen Verhältnis. Sehenswert sind das Postamt (1891) mit seinem neogermanischen Rundbogenfries, das Heinrich-Heine-Denkmal (1983) vor dem „Haus der Insel“ (1977) und die Wallanlage der Napoleonschanze mit dem Schwanenteich (1806/1811). Der Wasserturm (1929) in der Jann-Berghaus-Straße 34 ist zugleich das Wahrzeichen der Stadt. Die Namen der Straßen Herrenpfad und Damenpfad erinnern an die einstige Trennung der Geschlechter beim Badevergnügen (bis 1908). Die Windmühle „Selden Rüst“ ist die einzige Windmühle der Ostfriesischen Inseln.

***Alte Kurbadarchitektur** auf Norderney. Das Justizheim in der Moltkestraße bietet juristischen Beamten noch heute eine preiswerte Unterkunft.*

Hinter der Westspitze endet auf Norderney bereits die Zivilisation. Nur 2,5 Kilometer reicht die Bebauung ins Inselinnere hinein,

Kegelrobben und Seehunde ruhen sich am Strand von Norderney in der Naturschutzzone aus. Das Niedersächsische Landesamt für Verbraucherschutz und die Seehundaufzucht- und Forschungsstation Norddeich untersuchen die Tiere regelmäßig, um Epidemien wie die Seehundstaupe rechtzeitig bekämpfen zu können.

***Ein altes Inselhaus** auf Norderney in typischem maritimen Anstrich.*

zwölf Kilometer Natur liegen vor Spaziergängern, Wanderern und Radfahrern. Nach Süden zur Wattseite erstreckt sich das älteste Naturschutzgebiet Deutschlands. Im Südstrandpolder sind vierzig Vogelarten, darunter Nachtigallen, Bartmeisen und Teichhornsänger, beheimatet. 1940/41 entging das Gebiet nur knapp den Bebauungsplänen der Deutschen Wehrmacht. Zur nördlichen Seeseite erstrecken sich von West nach Ost die Weiße Düne mit dem Segler- und FKK-Strand und ihren reichen Meersenf- und Strandhaferbeständen. Die Möwendüne mit der Peilbake und die Rattendüne schließen die Insel zum Ostende ab. Vorgelagert finden sich das Wrack des havarierten Muschelbaggers und eine Seehundkolonie. Im Südosten Norderneys durchziehen kleine Gräben (Grüppen) die Salzwiesen, von denen sich der im Herbst rot verfärbte Queller abhebt. Hier liegt das Vogelschutzgebiet, und weiter westlich folgen Grohdepolder, Deich, Leuchtturm und Flughafen. Der 54 Meter hohe Leuchtturm hat 253 Stufen, und sein Licht ist 37 km

Relikte einer langen Seebadgeschichte: Das Eisen der alten Strandwehren korrodiert in Gegenwart von Wasser mit der Seeluft. Da Salz den Vorgang erheblich beschleunigt, gilt das Meereswasser der Nordsee geradezu als „Rostdünger“. Der eingebettete Beton ist längst abgeplatzt.

weit zu sehen. Schön situiert ist schließlich auch der Golfplatz am Dünenhang. Im Inselinneren neben der Jugendherberge findet man hohe Aussichtsdünen.

Als Teil des Nationalparks Niedersächsisches Wattenmeer wurde das neue, hochmoderne Nationalparkmuseum am Hafen 1991 in Betrieb genommen: Diashows und ein anschauliches Ebbe-Flut-Modell informieren hier über die Geheimnisse des Watts. Ein Infobus der Nationalparkverwaltung steht auch am Ostende in der Nähe des Muschelbaggerwracks zur Verfügung.

Eine kleine Insellegende: *Der Souvenir- und Strandartikelladen „Dit & Dat" versorgt Badegäste mit allen Urlaubsnotwendigkeiten und markigen Sprüchen.*

INSELLEBEN

Trotz aller Modernisierungstendenzen, die alljährlich auch auf Norderney ihre Spuren hinterlassen, hat sich hier wie auf keiner anderen Nordseeinsel die alte Kurtradition erhalten. Entsprechend spielt sich wie zu Kaisers Zeiten das Leben rund um den Kurplatz ab. Dies gilt vor allem bis zum Sonnenuntergang, zuweilen aber auch für die späten Abendstunden. Die mondänen weißen Gebäude des Kurviertels bieten hierbei für Jung und Alt die geeignete Kulisse. Auch die befestigte Strandpromenade verwandelt sich tagsüber in eine quirlige Einkaufs- und Relax-Meile. Das Zentrum Norderneys schließlich bietet zahlreiche Möglichkeiten für kurze oder ausgedehnte Spaziergänge. Ein beliebtes Ziel am Abend ist die idyllische Georgshöhe. Auch das Kaiser-Wilhelm-Denkmal (1898) ist einen Besuch wert: Die 100 Tonnen Steinquader, die zur Fertigstellung des 13 Meter hohen Obelisken nötig waren, stammen aus 75 deutschen Städten, u. a. aus der Kölner Stadtmauer oder dem Frankfurter Römer.

Während die anderen Ostfriesischen Inseln kaum Einkaufsmöglichkeiten jenseits von Souvenirs und Lebensmitteln bieten, ist Norderney auch für Shopping-Touren geeignet. In der Jann-Berghaus-Straße reihen sich Lebensmittel-, Mode- und Souvenirläden aneinander. Die Buchhandlung Hermann Opitz in der Poststraße ist bereits seit 1920 ein Klassiker. Spielwaren gibt es in der „Kleinen Sternschnuppe" (Herrenpfad 3), Kindermode bei „Kunterbunt" (Jann-Berghaus-Str. 20). Gleich nebenan ist mit „Schuhtick" einer der acht Schuhläden der Insel ansässig (Jann-Berghaus-Str. Nr. 8). Doch auch anspruchsvolle Kunden kommen auf ihre

Das Kaiser-Wilhelm-Denkmal *(1898) ist 13 m hoch und besteht aus 100 Tonnen Steinquadern, die historischen Baudenkmälern 75 deutscher Städte entnommen wurden. Statt einer Kaiserbüste ziert heute eine steinerne Möwe den Obelisken.*

Kosten: Siegrid von der Abegg-Osten betreibt eine kleine Parfümerie in der Strandstraße 9. Liebhaber alter Uhren werden bei Peter Huber in der Langestr. 2 fündig, Kunstfreunde werden Ole Wests Galerie in der Luisenstraße 34 oder die Aquarelle und Stoffmalereien von Gisela Folkerts (Bülowallee 1) zu schätzen wissen. Frische Lebensmittel mit Lokalkolorit gibt es zum Beispiel in Eckehardt Moschbergers Fischladen in der Lippestr. 29 oder beim Fleisch- und Wurstspezialisten Deckena (Friedrichstr. 16). Bereits seit 1891 hat Feinkost Bakker seinen Sitz in der Friedrichstr. 13.

Norderney ist auch eine kinderfreundliche Insel: Am Weststrand wurden ein Trampolin und ein Abenteuerspielplatz eingerichtet. Der Nordstrand bietet die ganze Woche über das Programm „Kinderspaß". Die zahlreichen Spielplätze im Ortszentrum und das Angebot der Kurverwaltung sorgen für weitere Abwechslung. Bei jüngeren Leuten haben derzeit die Surf-Kurse am Yachthafen und Beach-Volleyball Hochkonjunktur. Senioren unternehmen gerne Nordic-Walking-Ausflüge am Strand.

Übernachtungsmöglichkeiten bietet Norderney für jeden Geschmack und Geldbeutel: Das „Golfhotel" (Am Golfplatz 1) liegt nahe der Dünen direkt am Golfplatz und zieht junges, zahlungskräftiges Publikum aus ganz Deutschland an. Reich ist die Insel an Unterkünften der gehobenen Klasse: Mit immerhin vier Sternen locken die „Georgshöhe" (Kaiserstr. 24), das „Vier Jahreszeiten" (Herrenpfad 25), das „Seeschlösschen" (Damenpfad 3), die „Meeresburg" (Damenpfad 18) oder der „Austernfischer" (Friedrichstr. 11). Elegant gibt sich auch nach einer umfangreichen Renovierung das Landhaus am Denkmal (Friedrichstr. 21). Bei aller Mondäne sind aber auch die familiären Unterkünfte der Insel oft hochwertig: Das kleine Haus Wuprts (Jann-Berghaus-Str. 24) glänzt mit drei Sternen. Pension Neunaber am Damenpfad 19 legt Wert auf die Gesundheit seiner Gäste und bietet Allergiker-Betten und eine Öko-Küche. Das Haus Wuppertal hat sich als ehemaliges Inselkrankenhaus und Kinderkurheim dem barrierefreien Tourismus zugewandt (Marienstr. 18). Schlicht, aber charmant präsentiert sich der Seehof, eine alte Villa mit Restaurant, in der Goebenstr. 2. Ein echtes Traditionshaus ist das klassizistische Kurhotel in der Weststrandstraße 4, das besonders durch seine Küche in letzter Zeit wieder an Renommee gewonnen hat.

Streunende Hunde sind in den Weiten der Norderneyer Naturlandschaften keine Seltenheit. Touristen helfen den mageren Tieren mit einer Brotzeit gerne wieder auf die Beine.

Ein wichtiger Bestandteil des Touristenalltags auf Norderney sind natürlich die gemeinsamen Mahlzeiten. Entsprechend hoch ist die gastronomische Dichte: An erster Stelle steht trotz heftiger Konkurrenz noch immer „Le Pirate“, das seit mehr als drei Jahrzehnten Fischliebhaber mit seinem liebevollen Seemanns-Interieur und seinen exquisiten Meeresspezialitäten anlockt. Asiatisches tischt seit einiger Zeit der „China-Garten“ im „Haus der Insel“ auf. Beliebt ist auch das Restaurant „Zur Mühle“ (Marienstr. 24), wo ein exzellenter Labskaus auf den Verzehr wartet. Hier kann nachmittags auch das klassische Teezeremoniell abgehalten werden. Mit einer Portion historischem Charme gilt das Central-Café am Kurplatz 1 dagegen als wahre Instanz für Kaffee und Sahnetorte. Hausgemachtes Eis serviert das Eiscafé Venezia (Poststr. 9), das längst zu einer kleinen Legende avanciert ist. Nostalgisch im Stil der 50er Jahre zeigt sich die „Milchbar“ am Meer auf der Strandpromenade. Am Tag wie am Abend attraktiv ist das Café Marienhöhe, dessen Kuppelbau mit Deckenfresken an die guten alten Zeiten des gründerzeitlichen Kurbetriebs und zugleich an Heinrich

***Treffpunkt von Seglern,** Motorbootkapitänen, Touristen und Fischern: der Norderneyer Hafen*

Abwechslung vom Sonnenbad: *ein Pferdeausritt am Strand von Norderney*

Heine erinnern sollen, der auf der Marienhöhe seine Oden an die Insel verfasste. Als erste Adresse gilt vielen Urlaubern die „Weiße Düne“: Dem Strandrestaurant ist es gelungen, eine für alle Geschmäcker passende Mischung aus erstklassiger Küche, Gemütlichkeit und Freundlichkeit zu zaubern.

WELLNESS UND GESUNDHEIT

Als Heilbad hat sich Norderney vor allem auf Allergien und Atemwegserkrankungen spezialisiert. Aber auch Arthrosen und chronische Unterleibsentzündungen werden hier behandelt. Klassische Meerwasser-Trinkkuren, Aerosoltherapien, Meerschlickanwendungen, Massagen, Heil- und Atemgymnastiken werden hier gerne verschrieben. Das 2004 vom Erlebnisbad „Die Welle“ zum größten Thalasso-Zentrum Deutschlands umgebaute „bade:haus“ am Kurplatz bietet neben den klassischen Kuren ein breites Wellnesspro-

Kurtaxe: Formal ist die Kurtaxe eine Mischform zwischen kommunaler Gebühr und „freiwilligem Zwangsbeitrag“. Absurd erscheint manchen Besuchern indessen, dass die Kurtaxe auch dann erhoben wird, wenn die Kureinrichtungen gar nicht genutzt werden, wogegen sich die Kurverwaltungen wiederum wehren, da sie die Instandhaltung der gesamten Insel als kurtaxenrelevant einstufen. Um den Streitereien um die Kurtaxe im Urlaubsalltag ein Ende zu machen, preschte Norderney 1997 mit der Einführung einer Inselcard (NorderneyCard) vor. Die Karte wird beim Lösen des Fährfahrscheins ausgegeben und berechtigt zur Nutzung zahlreicher Kureinrichtungen und Vergnügungsangebote (Minigolf, Erlebnisbad etc.). Dazu können Sonderleistungen wie die Strandkorbmiete, sogar im Voraus, auf die Karte gebucht werden. Lästige Zwischenzahlungen erübrigen sich so, rund 2,50 Euro kostet der tägliche Standard-Kurbeitrag trotzdem. Juist (TöwerCard), Wangerooge (WangeroogeCard) und Langeoog (LangeoogCard) folgten schnell dem Beispiel Norderneys. Am Urlaubsende wird die Karte elektronisch ausgelesen, und der Betrag kann u. a. an Automaten oder im Hafen auf einen Schlag entrichtet werden. Vorausgesetzt, die Karte ging nicht verloren ...

gramm in dezent noblem Ambiente. Meerwasser, Schlick, Algen und Sand kommen auf einer „Wasserebene“ und einer „Feuerebene“ in allen erdenklichen Formen zum Einsatz. Mutter-Kind-Kuren lassen sich im AWO Kurzentrum in der Beneckestraße beantragen. Noch immer beliebt ist die Strandsauna am FKK-Strand.

KULTUR UND UNTERHALTUNG

Der Festkalender Norderneys ist gut bestückt: Das Hafenfest, das Drachenfest (Ende Juli), der Inselmarkt (Anfang August) und die Golf-, Tennis- und Volleyballturniere gehören zu den bekanntesten Veranstaltungen. Den Höhepunkt stellen indessen die Konzerte des Kurorchesters am Kurplatz dar. Das seit 1980 von Mitgliedern der Warschauer Symphoniker besetzte Orchester versprüht den Charme historischer Kuratmosphäre aus Kaisers Zeiten. Berühmt ob seiner Qualität und seines Interieurs ist das Kurtheater (1890). 415 Kordsamtsessel stehen hier im stuckverzierten Saal der Landesbühne Niedersachsen, die ganzjährig Programm bietet. Weniger imposant, aber trotzdem beliebt ist die Automatenspielbank (1978) im Kurhaus. Das Kino im „Haus der Insel“ zeigt im Unterschied zu den anderen Inselkinos meist topaktuelle Blockbuster. Beliebte Treffs im Norderneyer Nachtleben sind das auch von Insulanern frequentierte „Godewind“ (Gartenstr. 58 a), die Oldiedisco im „Inselkeller“, die „King Disco“ (Luisenstr. 23), das Erlebnisrestaurant „Norderney Treff“ oder das Keller-Traditionslokal „Möpken“ (Poststr. 10).

An Ausstellungen bieten das Nationalparkhaus und das Fischerhausmuseum (Weststrandstr. 1) ganzjährig Interessantes rund um Natur- und Inselgeschichte. Das neue „Museum Nordseeheilbad Norderney“ hat sich mit dem Bademuseum, dem Wasserturm und der „Galerie am Meer“ allen Facetten Norderneys zugewandt.

DER WEG AUF DIE INSEL

Je nach Saison fahren die Fähren von Norddeich zeitweise im Stundentakt auf die Insel. Die Überfahrt dauert 45–60 Minuten. Der Flughafen Norddeich bietet ganzjährig täglich bei Bedarf Flüge an, die Flugdauer beträgt fünf Minuten.

654
616
5166

Seite 64 **Flaniermeile für Badegäste:** Reges Treiben herrscht am Nachmittag auf der Norderneyer Strandpromenade.

Schlafende Strandkörbe am Norderneyer Nordstrand. Badegäste sind angehalten, ihre Strandkörbe bei Verlassen des Strandes umzudrehen, um Versandungen vorzubeugen und nächtliche Strandbesucher vom unsachgemäßen Gebrauch abzuhalten.

Die Norderneyer Westbake ist nicht nur für Touristen ein Orientierungspunkt. Peilbaken werden als Türme oder Stangen in Ufernähe errichtet. Sie dienen dem Schifffahrtsverkehr zur Sicherheit. Ihre Toppzeichen zeigen den vorbeifahrenden Schiffen die Richtung des Fahrwassers an.

Norderney nennt die einzige Windmühle *der Ostfriesischen Inseln ihr Eigen. Wo einst die Müller kräftig schufteten, kredenzt heute Starkoch Paul-Joachim Vollmer traditionelle Fischküche, darunter natürlich auch die „Forelle Müllerin-Art".*

Bei Ebbe ruhen sich die „Bojen" aus. *Tatsächlich werden die schwimmenden Seezeichen zur Fahrwassermarkierung in der Schifffahrt als „Tonnen" bezeichnet. Rote Tonnen markieren die Backbordseite, grüne Tonnen die Steuerbordseite.*

Das Wrack des havarierten Muschelbaggers *ist eines der prominentesten Ausflugziele auf Norderney. Zwölf Kilometer muss man von der Stadt bis zum östlichen Ende der Insel zurücklegen. Ein Info-Bus des Nationalparks informiert über die Geschichte des bizarren Objektes.*

Die Marienhöhe *war einst Heinrich Heines liebster Ort auf Norderney. Heute lockt das historisch eingerichtete Café Marienhöhe zahlreiche Inselgäste mit einem breiten Kuchen- und Kaffeesortiment an. Nur der Sonnenuntergang lässt sich hier nicht mehr beobachten: Das Café schließt um 20 Uhr.*

Die Insel Norderney *bietet ihren Gästen gerne klassisches Freizeitvergnügen mit dem nötigen kleinen Extra: Der Dünen-Mini-Golfplatz am Januskampf gestattet neben dem Blick aufs richtige Loch eine imposante Aussicht auf den Nordstrand.*

Die gut befestigte klinkerrote Norderneyer Deichmauer *bietet wirksamen Schutz vor den Sturmfluten. Die quirligen Möwen nutzen sie für angenehmere Beschäftigungen: als „Aussichtsplattform" und zum Knacken erbeuteter Muscheln, die sie auf den harten Stein fallen lassen.*

Wildwest mitten in Ostfriesland: *Die zerklüfteten Dünenlandschaften geben im Hochsommer eine amerikanische Wüstenkulisse ab. Doch Gefahr ist im Verzuge: Auch die Dünen auf Norderney verlieren seit 1994 an Sandmasse. Als Ursachen werden vor allem die Änderungen der Strömungs- und Windverhältnisse genannt.*

Ausgewaschen von der See sind die alten Wellenbrecher. Während Menschen auf dem glitschigen Belag oft kaum Halt finden, geben sich die Seevögel unbeeindruckt, picken zufrieden Algen, Muscheln und essbares Strandgut auf.

Wie ein Gemälde aus der Hand Caspar David Friedrichs gibt sich die raue Nordsee bei Norderney an Sturmtagen. Das aufgewühlte Wasser und die dichte Wolkendecke vermitteln dem Betrachter ein eindringliches Bild von der Kraft der Elemente.

Baltrum – das Dornröschen der Nordsee

Einwohner:	560
Touristen pro Jahr:	40.000
Seeheilbad seit:	1876
Größe:	6,49 km^2

Wippen und Pferdewagen: *Auf Autos und Fahrräder müssen Touristen auf Baltrum verzichten. Maulesel, Maultiere, Fonys und Pferde sind die einzigen Verkehrsmittel. Ihr Gepäck ziehen die Touristen mit dem Bollerwagen, der sogenannten Baltrumer Wippe.*

Mit nur 560 Einwohnern und 304 Häusern gilt Baltrum als die kleinste Ostfriesische Insel, wenngleich sie in der Flächenausdehnung mit 6,49 km^2 eigentlich größer als Wangerooge ist. Entsprechend führt Baltrum mit der Schwesterinsel seit einigen Jahren einen engagierten Kampf um die Rolle als „kleinste Nordseeinsel“. Wie dem auch sei: Baltrum lockt jährlich 40.000 Touristen an und liegt damit deutlich hinter den Nachbarinseln. Wer nun aber glaubt, das sechs Kilometer lange und nur einen Kilometer breite Eiland eignet sich nur für Individualtouristen, wird sich schnell getäuscht sehen. Denn es ist etwas Wahres dran an dem Slogan „kleine Insel, große Liebe“, mit dem das örtliche Tourismusbüro für Baltrum wirbt. Immer mehr Nordseetouristen entdeckten in den vergangenen Jahren den speziellen Charme des romantischen Baltrum, das sich so ganz ungeschminkt und ohne lauten Tourismusrummel präsentiert.

Obwohl Baltrum ein beliebtes Urlaubziel ist, müssen Touristen hier auf viele Annehmlichkeiten des modernen Lebens, wie man sie zum Beispiel vom benachbarten quirlig-städtischen Norderney kennt, verzichten. Die Baltrumer selbst legen großen Wert darauf, dass sich dies nicht ändert. Dass Baltrum sich hartnäckig als autofreie Insel präsentiert, ist ein gutes Beispiel hierfür. Touristen, die von Neßmersiel aus zum ersten Mal auf Baltrum landen, werden staunen: Selbst Fahrräder sind auf Baltrum lediglich den Einheimischen vorbehalten, Touristen und Gepäck reisen mit Handkarren („Wippe“) und Pferdewagen. Nicht einmal die Straßen haben auf Baltrum Namen. Turbulente Bars, lautstarkes Entertainment wie Beach-Partys oder Promenaden-Discos sucht man vergeblich. Auch die geografischen Daten verdeutlichen die besondere Atmosphäre Baltrums: 40 % der Insel sind reine Dünenlandschaft, 250 ha sind trockener Strand. Gegebenheiten, die sich bereits im

Inselnamen widerspiegeln: Bedeutet „Baltrum“ doch „unfruchtbarer Rücken“, wenngleich lokale Patrioten immer wieder den germanischen Frühlingsgott Balder als Namensgeber preisen.

HISTORISCHES

Baltrum zeigt nicht die typische Entwicklung vom Fischerdorf zum Seebad, wie wir sie von den anderen Inseln kennen: 1398 erstmals erwähnt, erzählt seine Geschichte von einem gemächlichen und immer wieder von Rückschlägen gezeichneten Aufstieg. Erst „Baltheringe“, dann „Baltryge“ und schließlich „Baltrum“ genannt, war die Insel seit jeher wenig bevölkert, ein Umstand, der auch den heftigen Angriffen von Sturmfluten geschuldet ist. Die Häuser und Anbauflächen Baltrums wurden mehrmals zerstört. 1717 riss die Nordsee die Insel sogar vorübergehend auseinander. 1825 wurde das Westdorf der Insel komplett von den Fluten verschluckt. 1876 begann Baltrums Geschichte als Nordseeheilbad, das immer wieder Bewunderer anzog. Heinrich Heine besuchte die Insel 1826, Paul Klee malte hier 1923 seine berühmten kleinen Aquarelle „Dünenlandschaft“ und „Wattenmeer“. 1966 wurde Baltrum schließlich staatlich anerkanntes Nordseeheilbad.

LANDSCHAFT UND ARCHITEKTUR

Der 22 Meter hohe Dünenhügel Baltrums bietet Gelegenheit, sich ganz den Naturschauspielen von Sonnenauf- und Sonnenuntergang, den Gezeitenströmen, der See- und Wattlandschaft hinzugeben. Hier kann man sich auch einen Überblick über die Insel verschaffen. Baltrum wird umrahmt von den peitschenden Wassermassen der offenen See im Norden und den ruhigen Gestaden des Wattenmeers im Süden. Das Westdorf und das Ostdorf liegen als einzige menschliche Ansiedlungen auf der Westhälfte der Insel. Nach der großen Flut von 1825 entstanden hier zahlreiche traditionelle Insulanerhäuschen, die heute zu den reizvollsten Bauwerken der Ostfriesischen Inseln zählen. Die Stirnseite der Baltrumer Häuser zeigt zum Watt. Auch die vielen Nachkriegsbauten haben sich schließlich meist bereitwillig diesem Traditionsdiktat unterworfen, weswegen es in Baltrum bis heute an funktional-klotzigen Neubauten fehlt und die traditionellen Klinker das Inselbild bestimmen. Feinsandigen Badestrand findet man wenige Minuten

***Das Baltrumer Westdorf:** Mit seinen modernen, roten Klinkerbauten und seinen Geschäftsstraßen ist das Baltrumer Westdorf zugleich Einkaufs- und Flaniermeile.*

Wattwanderung: *Auch auf Baltrum sollten Wattwanderungen nur mit ortskundigen Führern durchgeführt werden, die die gefährlichen Senken und Priele kennen und Seenebelbildung rechtzeitig bemerken.*

Wattwürmer: Ihre Leibspeise ist der Sand. Sie leben 20 cm tief unter der Oberfläche. Wattwürmer ernähren sich von den organischen Bestandteilen des Sandes und scheiden die Überreste in kringelförmigen Haufen an der Wattoberfläche aus. Sie können 40 cm lang werden. Etwa 50 Exemplare leben auf einem Quadratmeter Watt. Die fingerdicken Würmer sollen den gesamten Wattsand vor Baltrum mehrmals im Jahr durch ihren Darm schleusen und auf diese Weise reinigen.

vom Westdorf entfernt an der großen Strandpromenade am Westufer. Hier stehen auch die großen Befestigungsanlagen, die bei aller Ruhe, die das Eiland sonst ausstrahlt, daran erinnern, dass sich Baltrums Westseite in ständiger Gefahr befindet. Seit dem 17. Jahrhundert gingen bereits drei Kilometer Westküste verloren oder wanderten nach Osten. 400 m Pfahllängswerk, 1.325 m Dünendeckwerk und 15 Buhnen schützen die Insel heute vor den Sturmfluten. Sie können weiteren Landverlust zwar nicht aufhalten, aber doch verlangsamen.

Im Norden ist Baltrum vom Westdorf bis zum Ostzipfel (Osterhook) von Sandstrand gesäumt. Landeinwärts durchziehen gepflasterte Wege den Dünengürtel. Das Inselinnere verfügt über Sumpf- und Feuchtgebiete mit großen Gras- und Schilfbeständen, die als Naturschutzgebiet ausgewiesen sind. Ein Kuriosum ist die kleine Baltrumer „Seenplatte" zwischen den Dünenausläufern am Jagdhaus. Der Heller zur Wattseite im Süden dient als Weideland. Dahinter bestimmt die Wattlandschaft das Bild; sie sollte jedoch niemals ohne Wattführer betreten werden.

Baltrum liegt inmitten des Nationalparks Niedersächsisches Wattenmeer. Dem Naturerbe zeigt man sich verpflichtet. Das 60 ha große Naturschutzgebiet mit seinen vielen Tier- und Pflanzenarten ist ein Eldorado für Naturfreunde. Sei es der silbrig schimmernde Sanddorn mit seinen orangeroten Früchten oder die leuchtend gelbe Königskerze – nirgendwo sonst zeigt sich die Flora auf den Inseln in solchen Bilderbuchexemplaren. Besonders das Rundblättrige Wintergrün (Pyrola rotundifolia), dessen rahmweiß-rosa glänzende Blätter auch im Winter nicht absterben, hat sich über die Jahrhunderte geradezu zur Leib- und Magenpflanze Baltrums entwickelt. Lachmöwen, Küsten- und Fluss-Seeschwalben haben sich neben Igeln, Hasen und Fasanen in dieser Naturidylle niedergelassen. Das vom BUND betreute Nationalparkhaus rechts am Ortseingang dokumentiert die Entwicklung des Naturschutzgebiets. Seit 1987 beleuchten hier unter dem Motto „Der Mond ist schuld" anschauliche Ausstellungen das Thema Ebbe und Flut. Die „Gezeitensäule" informiert über Wasserstand und die Laufbahnen von Sonne, Mond und Erde. 2006 eröffnete der Gezeitenpfad, auf welchem man sich anschaulich anhand von den Landschaftsmerkmalen über die Auswirkungen von Ebbe und Flut informieren kann.

Klaffmuscheln: Wer aufmerksam durch das Watt vor Baltrum wandert, wird ihre Bekanntschaft machen. Blitzschnell ziehen die Klaffmuscheln ihren Sipho ein und schließen ihre Schale. Dabei spritzen sie das Wasser bis zu 50 cm hoch in die Luft. Ein Quadratmeter Wattschlick kann bis zu 150 Klaffmuscheln beherbergen. Die Klaffmuscheln können tief im Sand leben, da sie einen sehr geringen Sauerstoffbedarf haben. In den USA gehören Klaffmuscheln auf jede gute Speisekarte, bei uns werden sie nicht verzehrt.

INSELLEBEN

Seit den 70er Jahren sind es rund 3.000 Besucher täglich, die in den Sommermonaten die Dornrösscheninsel wach küssen und dabei die Einwohnerschaft um das Sechsfache übersteigen. Die Hauptschlagader Baltrums pulsiert an der Strandpromenade des Westdorfes. Hier badet man an feinem Sandstrand und findet Geschäfte, Boutiquen, Bäckereien und vieles mehr, was das Touristenherz auch auf Baltrum begehrt. Hier stehen auch die idyllischen Ferienhäuser mit Meerblick, wie das komplett rollstuhlgerechte Haus Atlantis mit seinen stufenlos erreichbaren Ferienwohnungen. Kaum 200 Meter vom Fähranleger entfernt öffnet sich hinter der Strandmauer das Westdorf. Von besonderem Interesse für Besucher ist das Haus Nr. 8, die ehemalige Kirche, neben der auch das Wahrzeichen der Insel zu sehen ist, die von Legenden umrankte holländische Seglerglocke eines Schiffsbrüchigen. Töpfereien, Bäckereien, Teeläden und das „Kaufhaus" Stadtlander prägen das Ortsbild. Im Nordwesten des Westdorfs finden sich mit dem Wellenbad und dem Kurzentrum

Ebbe und Flut: Die Anziehungskraft zwischen Mond und Erde sowie die Fliehkraft und Rotation unseres Planeten sind für Ebbe und Flut verantwortlich. Auch die Nordsee wird auf diese Weise wie das Wasser in einem Eimer ständig hin- und herbewegt. Steht die Erdseite zum Mond, wirkt dessen Anziehungskraft (Flut), liegt die Erdseite dem Mond entgegengesetzt, wirkt die Fliehkraft der Erde (Flut). Ebbe herrscht quasi auf halbem Wege. Zwei bis drei Meter (z. B. Norderney 2,36 m; Borkum 2,19 m) steigt der Wasserspiegel dabei zweimal am Tag an (mittlerer Tidehub). Ein Ebbe-Flut-Intervall dauert 12 Stunden und 24 Minuten. Aufgrund der so entstehenden täglichen Zeitverschiebung ist es auch nur für eingefleischte Seebären möglich, den ganz genauen Zeitpunkt der Flut vorauszusehen.

auch zwei wichtige Einrichtungen des Heilbades. Südlich vom Westdorf liegt der kleine Baltrumer Flugplatz.

Wer die Ruhe liebt, der findet sie im Ostdorf von Baltrum, in den idyllisch verschlafenen, aber modern ausgestatteten „Sonnenblick Ferienwohnungen“: Hell und geschmackvoll gestaltet liegen sie am Deich der Südseite und gestatten einen wunderschönen Ausblick auf den Wattenmeer-Nationalpark. Wellness-Liebhaber kommen hier ebenfalls auf ihre Kosten: Die Eigner haben eine luxuriöse Erholungsinsel in der Siedlung angelegt. Neben einem kleinen Lebensmittelgeschäft zeugt allein das traditionsreiche Café Kluntje im alten Ostdorf von städtischem Leben. Am Dorfrand besticht es mit ostfriesischer Heimeligkeit und erzählt in Bildern, Fotos und Texten die bewegte Geschichte von zehn Generationen. Nördlich des Ostdorfes liegen die Aussichtsdüne und das Naturschutzgebiet. Der Baltrumer Seglerhafen ist nicht nur bei Freunden der Nautik ein beliebtes Ziel: Hier lockt seit Jahren das Witthus kulinarische Schöngeister mit einer großen Auswahl an Fischgerichten und einer breiten Panoramaterrasse. Für weitere kulinarische Höhepunkte sorgt auch das Hotel Fresena am ruhigen Südende des Ortes. Das Herings-Schlemmerbuffet und der Mowi-Lachs sind bei Insel-Gourmets längst legendär, ebenso wie die original ostfriesische Atmosphäre des Traditionshauses.

Beliebte Unternehmungen auf Baltrum sind ein Spaziergang zum Osterhook an der Ostspitze (ca. 1 Stunde Fußmarsch am Nordstrand), eine geführte Wattwanderung, ein Ausflug nach Dreihausen (ca. 2 Stunden) sowie Expeditionen mit dem Schiff zu den Robbenbänken oder zum Krabbenfang.

WELLNESS UND GESUNDHEIT

Als Heilbad ist Baltrum seit 1966 anerkannt. Die Heilwirkungen sind vor allem bei vegetativen Störungen, Allergien und chronischen Erkrankungen der Atemwege belegt. Meerwasser-Trinkkuren, Inhalationen und Gymnastik werden vielfach angeboten. Auch das Wellness-Angebot von Baltrum muss sich nicht hinter dem der anderen Inseln verstecken. Das Erlebnisbad „SindBad“ gehört zu den neueren Attraktionen. Eröffnet wurde das Haus 2003 und verleiht mit seiner modernen Architektur Baltrum eine ganz neue Anmutung. Im Innern setzen Anspielungen auf den Empire-Stil mit Kronleuchtern und Wendeltreppen auf alte Bädertradition, die Wellness- und Badebereiche dagegen gehören zu den modernsten in Ostfriesland. Das hauseigene Restaurant verbreitet mit bunten Marquisen und Palmen Karibikstimmung.

Strandspaziergang: *Der knapp einen Kilometer lange Nordstrand der Insel Baltrum bietet sich für Freunde ausgedehnter Strandspaziergänge geradezu an. Wie überall auf Baltrum besteht aber für Hunde unbedingter Leinenzwang.*

KULTUR UND UNTERHALTUNG

Baltrum ist eine Insel der leisen Töne. Frei von Unterhaltung ist sie deshalb keineswegs. Neben den vielen Attraktionen für Kinder, wie dem traditionellen Lampionumzug, gehören die Aufführungen der Inselbühne seit 1965 zum festen Bestandteil des Kulturprogramms. Seit 2006 sorgt auch das Schach-Turnier „Schach-Watt“ für Aufsehen. Im August werden im Rhythmus der Gezeiten auf einer Sandbank Partien à fünf Minuten ausgetragen, bevor die Flut den liebevoll ausgestatteten Turnierplatz am Priel wieder „abräumt“. Das populärste kulturelle Aushängeschild der Insel ist seit 1948 die weibliche „Baltrumer Gitarrengruppe“, deren Ruf bereits bis zu den Salzburger Festspielen reicht. Bei Festen und Ortsjubiläen lösen ihre Auftritte stets wahre Begeisterungsstürme aus. Doch auch die offenherzigen Inselbewohner sorgen bei einem Baltrum-Aufenthalt immer wieder für Kurzweil: Gesprächig und humorvoll tragen sie im Ferienalltag zur typisch familiären Atmosphäre Baltrums bei, die den Wunsch nach lautstarker Unterhaltung schnell wieder vergessen lässt.

DER WEG AUF DIE INSEL

Baltrum ist mit der Fähre vom Hafen Neßmersiel aus zu erreichen. Die Überfahrt dauert nur 30 Minuten. Ein Bus verbindet den Bahnhof Norden mit dem Hafen. Täglich fahren drei Schiffe zur Insel. Der Fahrplan ist abhängig von den Gezeiten.

Häuser mit Aussicht: *Seit den 80er Jahren wurde die Architektur im Westdorf zurückhaltend modernisiert; vierstöckige Pensionen und Ferienhäuser bestimmen das Bild vor allem in Strandnähe. Da man jedoch am traditionellen Klinkerrot festhielt, blieben der Insel größere Bausünden erspart. Die Panoramaaussichten aus den Fenstern entschädigen für kleine Stilbrüche.*

Seite 84 Baltrumer Dünenlandschaft: *Im Nordosten bildeten sich auf Baltrum zwei Dünenzüge. Im Norden bestimmt eine typische Weißdüne als Randdüne die Kulisse. Eine innere Düne zieht sich vom Strand bis zur Peilbake im Osten. Ein Spaziergang durch die Dünen lohnt sich. Da ein Teil der Dünen unter Naturschutz steht, sind Wanderungen aber nur eingeschränkt gestattet.*

Wellenbrecher am Strand von Baltrum: *Die raue Nordsee hat Baltrum über die Jahrhunderte nahezu halbiert und die Landmasse nach Osten verlagert. Die Wellenbrecher sollen das Schlimmste verhindern. Immer wieder nutzen Möwen ihre harte Oberfläche, um Miesmuscheln zu knacken, die sie aus einigen Metern Höhe mit einem charakteristischen „Klack" auf das Pflaster werfen.*

Der Baltrumer Strand nimmt die gesamte Nordseite der Insel ein. Fein und weich ist er besonders an den Badestellen am Fuße der Promenade. Je nach den Gezeiten verändert der Strand seine Breite von 100 auf 200 Meter. Naturfreunde werden sich auch über die Strandwinde freuen, die sonst nahezu ausgestorben sind, auf Baltrum aber noch immer ihr Zuhause haben.

655
616
571
700
678
733

Wie aus einem Fantasy-Film *muten die Grodenlandschaften der Insel Baltrum in den frühen Morgenstunden an. Vor selbst organisierten Wanderungen wird indessen nicht nur aus Gründen des Naturschutzes gewarnt: Die Landschaft ist morastig, und die Gezeiten treiben nicht selten ihr eigenes Spiel.*

Häuser am Watt: *Baltrum bietet seinen Gästen eine klassisch ostfriesische Kulisse. Traditionell schaut die Stirnseite der Baltrumer Klinkerbauten zum Watt. Urlaubsgäste haben einen Ausblick auf Meer, Wiesen und Weideland – ein Bild, das selbst bei Regenwetter viel Atmosphäre ausstrahlt.*

Sportliches Langeoog

Einwohner:	2.100
Touristen pro Jahr:	110.000
Seeheilbad seit:	1827
Größe:	19,67 km^2

***Die alten Krabbenkutter** auf Langeoog dienen nicht nur dem Fischfang, auch als Transportmittel für Touristen sind sie gefragt.*

„Langeoog“ bedeutet „lange Insel“, und das Eiland der ostfriesischen Inselkette trägt diesen Namen durchaus zu Recht: Mit seinen 12 Kilometern Länge auf maximal 3,5 km Landbreite auf der Westseite ist Langeoog die zweitlängste der Ostfriesischen Inseln. Die hier gelegene Melkhörndüne, 21,5 Meter hoch, ist sogar die höchste längere Erhebung des Archipels. Der 100 Meter breite Langeooger Deich zählt zu den gewaltigsten Bollwerken gegen die Angriffe der rauen Nordsee. Daneben hat die Insel einen 14 Kilometer langen Sandstrand zu bieten und kann sich durch eine unter den Dünen gelagerte „Wasserlinse“ jährlich selbst mit 300.000 m^3 Trinkwasser versorgen. Doch nicht nur in geografischer Hinsicht ist Langeoog eine Insel der kleinen Rekorde: Die Anzahl ihrer Bettenplätze wächst Jahr für Jahr, inzwischen kommen bereits 110.000 Gäste jährlich. Der Flughafen Langeoog ist der leistungsfähigste des Archipels. Bereits in der Vergangenheit waren die Langeooger für ihren Wettkampfgeist berühmt und spielten eine führende Rolle bei der Einführung von Innovationen im Kurbetrieb, indem sie als Erste Badewagen und einen steinernen Anlegerhafen auf den Ostfriesischen Inseln einführten und hier die erste Station der Deutschen Gesellschaft zur Rettung Schiffsbrüchiger einrichteten.

Sportsgeist scheint den Inselbewohnern in die Wiege gelegt worden zu sein, und sportlich geht es denn auch auf Langeoog zu: Mit seinen Tennisplätzen, Turnhallen und Reitställen, mit Kegel-, Ball-, Leichtathletik- und Schwimmturnieren sowie einem breiten Funsport-Angebot und dem ersten Nordic Walking Park der Ostfriesischen Inseln lässt Langeoog die Nachbarn in punkto Leibesübung weit hinter sich. Selbst der Jagdsport ist auf Langeoog erlaubt. Sportabzeichen und DLRG-Diplome lassen sich hier erwerben. Und es kommt nicht von ungefähr, dass auf der Insel alljährliche Treffen der bundesdeutschen Sportärzte stattfinden. Daneben ist Langeoog vor allem auch eine Insel der Kinder: Die Spielhäuser am Strand (1988) und das 1949 gegründete Kinder- und Jugendheim sind in der ostfriesischen Inselwelt einzigartig, ebenso wie die privaten Bildungsstätten, Realschule und Gymnasium, die auf der Insel ihren Sitz haben.

***Der Strandkorbverleih** ist ein einträgliches Geschäft, doch er macht auch Arbeit. Vor Eintreffen der Flut müssen die Strandkörbe abgeräumt oder zurechtgerückt werden.*

Bei allem Engagement, das die Inselbewohner im alltäglichen Leben an die Touristen ausstrahlen, fehlt es auf Langeoog aber dennoch nicht an Ruhe. Die Heller-, Dünen- und Strandlandschaften stehen denen der anderen Ostfriesischen Inseln in nichts nach. Der Wind, das Licht und die See sind auch hier ganz im Einklang mit dem Rhythmus der Tide. Und natürlich ist Langeoog auch autofrei und zeigt sich mit Natur- und Vogelschutzgebiet sowie seinen Anstrengungen im Bereich der Aufforstung der Ökologie verpflichtet. Die Harmonie zwischen energieverzehrender Leibesertüchtigung und Naturbewusstsein steht schließlich durchaus in der Tradition des jahrhundertealten Seebädergedankens.

HISTORISCHES

Eine Art Bilderbuchgeschichte ist der Weg Langeoogs vom verschlafenen Inselort zum attraktiven Tourismusziel. Als „Langeoch" wurde die Insel 1398 erstmals urkundlich erwähnt, blieb aber über Jahrhunderte nahezu unbewohnt. 1625 zählte man sieben, 1680 gerade einmal zwölf Haushaltungen. Zu Beginn des 18. Jahrhunderts entstand mit dem Ostdorf und seiner Kirche die erste größere Siedlung. Die weitere Entwicklung wurde von der „großen Weihnachtsflut" des Jahres 1717 erheblich behindert. Wie Juist riss die Insel in zwei Teile auseinander. Noch heute zeugt das „Große Schlopp" von der Naturkatastrophe. Die überlebenden Bewohner zogen sich bis auf vier Familien auf das ostfriesische Festland zurück. 1723 wagte man die Neubesiedlung. Begünstigt durch die bis 1730 nahezu abgeschlossene natürliche Wiedervereinigung der beiden Inselhälften entwickelte sich Langeoog daraufhin recht rasch. 1827 schlossen sich die Langeooger dem Seebad-Boom an und erklärten die Insel zur Kuranstalt. Bereits 1851 fanden 100 Badegäste den Weg nach Langeoog. 1856 gelang den Kurbadbetreibern mit der Einführung des ersten Badekarrens der Ostfriesischen Inseln eine Sensation, die das Leben bald auch auf den

***Die Seeseite Langeoogs** kann auch im Sommer äußerst stürmisch werden, wetterfeste Kleidung ist erforderlich.*

Nachbareilanden nachhaltig veränderte. Gleichfalls schuf man einen von Molen eingefassten Hafen, der bis heute auf die stattliche Größe von 40 ha wuchs. 1859 begann man mit dem Bau einer neuen Inselkirche, 1863 wurde das erste Gasthaus eröffnet. Die 1867 eingerichtete kontinuierliche Schiffsverbindung mit dem Festland sorgte bereits 1876 für 365 Badegäste.

Mit dem Kurmittelhaus (1908), der Pferdebahn (1902), einem Kanalisationssystem (1909), der elektrischen Versorgung (1923) und dem Bau des Polderdeichs (1933) erreichte Langeoog bis zum Ausbruch des Zweiten Weltkrieges annähernd das Komfort-Niveau der benachbarten Seebäder. Den Krieg überstand die Insel schließlich nahezu unbeschadet, zwischen 1941 und 1944 stellte man sogar noch den Hafen, das Herrenhaus, den Seedeich und das Blumental fertig. 1949 erhielt die Insel schließlich die lang ersehnte Auszeichnung als Nordseeheilbad. 1962 empfing man auf Langeoog bereits 40.000 Kurgäste und verbreiterte das Kurangebot 1969 mit einem zu jener Zeit hochmodernen „Meerwasser-Hallenbrandungsbad". Um für das 50-jährige Seebad-Jubiläum gerüstet zu sein, führte die Langeooger Verwaltung von 1994 und 1999 umfangreiche Renovierungsarbeiten am Wasserturm, dem Kurmittelhaus und der Inselbahn durch. Im Jahr 2000 kamen mit dem Meerwasser-Erlebnisbad und dem zum Wellnesscenter umgestalteten Kurmittelhaus weitere Touristenattraktionen hinzu. Doch nicht nur um Touristen machte sich Langeoog verdient, das Engagement galt schon früh den Menschen in Seenot. Eine Station der Deutschen Gesellschaft zur Rettung Schiffsbrüchiger wurde bereits 1861 eingerichtet. Noch heute retten die Seenotrettungskreuzer manchen unvorsichtigen Freizeitsegler oder befreien in Havarie geratene Mannschaften größerer Frachtschiffe.

LANDSCHAFT UND ARCHITEKTUR

Grünflachen, Sand und Dünen prägen auch auf Langeoog die Landschaft. Die Insel erstreckt sich vom südwestlichen Flinthörn in einer sanften Kurve über 12 Kilometer bis zum Süderriff im Osten. Die Südwestspitze wurde zum Naturschutzgebiet erklärt; hier liegen auch die Muschelfelder. Weiter nördlich kam es seit den 80er Jahren zu einer massiven Aufforstung, die noch immer nicht abgeschlossen ist. Mit dem Ort Langeoog, dem Flugplatz und dem

Hauptstrand beginnt schließlich im Nordwesten der Insel die Zivilisation. Auf der Kaapdüne nordwestlich des Ortes grüßt zunächst der Wasserturm aus dem Jahre 1909 mit seiner 32 Meter hohen Aussichtsplattform. Er ist das Wahrzeichen der Insel, steht aber seit geraumer Zeit in enger Konkurrenz mit dem Lale-Andersen-Denkmal im Ortszentrum. Die Sängerin, der die Welt den Schlager „Lili Marleen" verdankt, lebte von 1945 bis zu ihrem Tod 1972 auf Langeoog und ist auf dem Dünenfriedhof begraben. Hier finden sich auch russische und baltische Abschnitte von kulturhistorischem Wert. Die alte Dorfarchitektur Langeoogs ist eine willkommene Abwechslung zu den modernen Klinkern vieler anderer Inseln. Die zaunumsäumten Vorhöfe vieler Häuser und rote Pflaster erinnern fast an eine „ostfriesische Westernstadt". Das reetgedeckte Seemannshus (Caspar-Döring-Haus) und der Sonnenhof präsentieren sich geradezu malerisch. Zu den sehenswerten Bauwerken zählt auch die Inselkirche: 1890 ersetzte sie ihren Vorgänger von 1856, 1988/1989 wurde sie umfangreich restauriert. Das Altarbild von Hermann Buß, das ein vor Langeoog aufgelaufenes Fährschiff zeigt, sorgte immer wieder für Irritationen, führte der Kirche aber auch jede Menge Besucher zu. Der nordwestlich gelegene Strand teilt sich funktional nach den Vorlieben der Gäste in Bade-, Burgen-, Surfer-, Hunde- und Drachenstrand.

Vorbei an den Heerenhusdünen gelangt man ins Inselinnere. Die Gewässer in der Inselmitte, das „Große Schlopp" und das nahezu versandete „Kleine Schlopp", sind die Überreste die einstigen Inselteilung. Nördlich erstreckt sich das Pirolatal, dessen Dünenlandschaft seit 2002 schwere Sandverluste hinnehmen musste. 130.000 m^3 Sand wurden künstlich durch Spülleitungen zurückgeführt. Im Innern liegen der Sommerpolder und die Jugendherberge, die bis 1952 eine Molkerei war. Dahinter schließt sich die einst 21,6 Meter hohe Melkhörndüne („Melkhörn" = „Melk-Ecke") an, die laut neueren Vermessungen bereits auf 20 Meter geschrumpft sein soll. Östlich des „kleinen Schlopp" liegt das Langeooger Vogelschutzgebiet. Das Jagdhaus im Westen und die neue Meierei (heute Gasthaus) im Osten markieren seine Ausdehnung. Die Ostspitze Langeoogs schließen im Norden und im Süden steinige Rifflandschaften – das Norderriff und das Süderriff – ab. Die Inselspitze trägt den Namen Osterhook und gestattet einen guten Blick auf die Seehundbänke.

Fisch auf den Tisch: Fisch gehört an der Nordsee auf den Tisch, und doch sollte man ihn mit wachsamem Auge und gebotener Rücksicht genießen. Obwohl die Nordsee nur 0,2 % der weltweiten Wasserfläche einnimmt, macht der Nordseefischfang 5 % des Weltmarktes aus. Die Nordsee ist mit 2,5 Millionen Tonnen jährlicher Fangmenge überfischt. Die Bestände von 19 der 20 Speisefischarten sind bereits stark rückläufig. Haie, Rochen und Wale, die längst auf den Roten Listen der Naturschützer stehen, geraten zudem als Beifang in die Netze. Auch Jungfische, die den Bestand sichern sollen, geraten immer wieder unversehens in die Maschen. Allein Garnelen und Miesmuscheln überstehen die Fangwut der Nordseefischer annährend unbeschadet.

***Westlich des Hauptstrandes** können Kinder im Sand nach Muscheln und Feuerstein buddeln. Der Wasserturm gibt die nötige Orientierung.*

Als Teil des Nationalparks Niedersächsisches Wattenmeer stehen auch auf Langeoog Flora und Fauna unter Naturschutz. Am Flinthörn im Südwesten nisten vor allem Zwergseeschwalben, Austernfischer und Rotschenkel. Hier lassen sich auf dem angelegten Lehrpfad die Stadien der Dünenbildung von der Sandplatte bis zur Graudüne mit ihrer üppigen Vegetation aus Gräsern, Moosen und Flechten gut nachvollziehen. Das Vogelschutzgebiet im Osten ist vor allem durch seinen großen Silbermöwenbestand von Interesse. Bereits 1926/1927 drehte der Naturfilmer Ulrich K. T. Schulz eine Dokumentation, die gelegentlich auf Langeoog gezeigt wird. Das Betreten des Vogelschutzgebietes ist nur mit einem ausgebildeten Führer erlaubt. Das Vogelwärterhaus neben dem Gasthaus Meierei nimmt Anmeldungen entgegen.

INSELLEBEN

Schiffsübung: *Die Langeooger widmen sich verstärkt dem Thema Küstensicherheit. Hier klappt das mit einem Doppelrumpf ausgestattete Ölbekämpfungsschiff „Thor“ seine beiden Rumpfhälften auseinander, um im Ernstfall nach einer Havarie von zwei Containerschiffen ausgetretenes Schweröl aufzunehmen.*

Das Langeooger Inselleben spielt sich zu einem großen Teil am Strand ab, denn die vielen Freizeitangebote bieten für jeden etwas. So gibt es neben dem klassischen Badestrand einen Burgen-, Sport-, Drachen- und Hundestrand. Die Spielburgen am Hauptstrand sind beliebtes Ziel für kinderreiche Familien. Auch auf der 1,5 km langen, 10–15 Meter hohen Promenade herrscht ein regelmäßiges Kommen und Gehen, und die Hauptstraße im Ort ist eine weitere beliebte Flaniermeile. Treffpunkte sind das Lale-Andersen-Denkmal, das Rathaus und das alte Seemannshus. Auf der MS Langeoog 1 am Hafen finden regelmäßig Inselhochzeiten statt.

Auf Langeoog gibt es aber vor allem reichlich Gelegenheit, sich in sportlichen Aktivitäten zu üben. Zentrale Anlaufstelle ist der Sportpalast am Strand. Seit März 2007 finden Freunde des Nordic Walking im „Nordic Walking Park“ ihre Erfüllung. Fußball-, Turn- und Tennisturniere finden im Juli statt, und im August werden die Sportabzeichen vom Landessportbund Niedersachsen und dem TSV Langeoog verliehen. Auch Wandern wird hier ganz groß geschrieben. Das Vogelwärterhaus an der Meierei im Südwesten und das Jagdhaus sind beliebte Ausflugsziele für Wanderer, die weite Wege nicht scheuen. Wer weniger gut zu Fuß ist, wird sich eine Kutschfahrt auf die Melkhörndüne nicht entgehen lassen und gut erholt den Kaiserblick über die ostfriesische Insellandschaft genießen. Wattwanderungen von und nach Neuharlingersiel werden ebenfalls immer wieder angeboten, sind aber ohne sachkundige Leitung unbedingt zu unterlassen.

Originell: *Das efeubewachsene Rathaus von Langeoog strahlt Urlaubsatmosphäre aus.*

Langeoog bietet zahlreiche Unterbringungsmöglichkeiten für jeden Geschmack. Originell und zugleich ein wenig edel ist die Apartmenthotelkette „Feuerschiff", deren Domizile „Traumschiff", „Flaggschiff" und „Fährschiff" sich über den Ort verteilen. Klassische Feriendomizile wie die Häuser „Schoof" (Fritz-Reuter-Str.), „König" (Barkhausenstr.), „Nauta" (Friesenstr.) oder die Pension „Ingeborg" (Um Süd) findet man ebenfalls reichlich. Im Abke-Jansen-Weg steht mit dem „Retro Design Hotel Kolb" im Stil der 70er Jahre seit 2007 das vermutlich innovativste Haus der Insel mit Kugelsesseln und bunter Psychedelic-Tapete zur Verfügung. Ebenfalls historisch ist das Hotel Deutsches Haus im ehemaligen Kurhaus (1902). Luxuriös mit vier Sternen geben sich das Hotel La Villa oder das Hotel Kolb mit seinen angeschlossenen Insel-Chalets. Zum Speisen treffen sich Gourmets auf Langeoog im

Langeooger Inselbahn: Es war ein harter Weg, bis die motorisierte Inselbahn auf Langeoog ankam. 1925 wollte die Reederei Herlingsiel die Wagen ihrer Pferdebahn bereits auf Motor umstellen, scheiterte aber am Widerspruch der Gemeinde Langeoog, welche die Inselruhe bewahren wollte. Ein weiterer, diesmal von der Inselgemeinde selbst vorgetragener Antrag scheiterte 1928 an der Weltwirtschaftskrise. Erst nach den Zerstörungen der Sturmflut von 1936 gelang 1937 die Umstellung auf Motorenfahrzeuge. 1945 teils demontiert, nahm die Inselbahn ab 1956 wieder den vollen Betrieb auf. 1995/1996 wurden neue Wagen eingeführt und ein neuer Bahnhof errichtet. 2003 sanierte man das Schienennetz.

***Die 1890 erbaute Inselkirche** gehört zu den Sehenswürdigkeiten von Langeoog. Das provokante Altarbild (1989) von Hermann Buß sorgt immer wieder für Diskussionen.*

Nordseeschwimmen: 2008 feiert das Nordseeschwimmen seinen 20. Geburtstag. Seit 1989 schwimmen die Teilnehmer aus Belgien, den Niederlanden und Deutschland von Langeoog nach Bensersiel über eine Distanz von 10,6 Kilometern durch das 15 °C kalte Wasser. Am Zielort werden die Schwimmer mit einer kalten Dusche und einer heißen Erbsensuppe empfangen. Wadenkrämpfe und zu viel Salzwasser in den Lungen treiben immer wieder viele ungeübte Teilnehmer zur Aufgabe. Dennoch nehmen jährlich bis zu 200 Schwimmer teil. Rekorde: Sandra Häßler (6 Siege); Initiator Burkhard Theiner (20 Teilnahmen), Gerhard Daro (mit 70 Jahren ältester Teilnehmer).

Fischspezialitäten-Restaurant Schiffchen (Hotel Kolb). Der Tradition verpflichtet, aber leider ein wenig zu postmodern renoviert, gibt sich auch das Restaurant Strandhalle als Generationentreff. Traditionelle Fischspeisen und deutsche Küche reichen das „Stövchen“ (Um Süd 1), die „Kajüte“ am Hafen, das „Captain's Dinner“ (Otto-Leuß-Weg) oder das „Lütje Hörn“ in der Hauptstraße. In der Barkhausenstraße reihen sich weitere Restaurants internationaler Couleur aneinander. Als Ausflugsrestaurant bleibt die „Meierei“ am Vogelschutzgebiet ungeschlagen.

WELLNESS UND GESUNDHEIT

Auch Langeoog hat den traditionellen Kurhausbetrieb ganz auf Wellness umgestellt. Zwar stehen die auf Rezept verschreibbaren Trinkkuren, Inhalationen, Mundbäder und Schlickpackungen nach wie vor auf dem Programm, doch wurde 2005 das ehemalige Kurmittelhaus in ein Spa-Wellness-Center umgestaltet: Rosenbäder, Aromamassagen, Ayurveda, Qigong oder Vapozon sollen für mehr Attraktivität sorgen. Eine Besonderheit sind die Flint-Massagen mit dem „heißen Stein“. Ebenfalls betont modern präsentiert sich das Meerwasser-Erlebnisbad im Kurzentrum mit Leuchtturm, Wasserrutsche, Dünensauna, Traumgrotte, Wassersäule und einer Fitnessbar.

Lale Andersen: 1939 vertonte sie das „Lied eines jungen Wachtpostens“ in Berlin als „Lili Marleen“. Im Kriegsjahr 1941 erlangte der Schlager als allnächtlich ausgestrahltes, melancholisches Soldatenlied unauslöschlichen Ruhm. Im Frühjahr 1945 kehrte Andersen von Berlin wieder nach Langeoog zurück und feierte 1952 mit „Lange Nacht am blauen Hafen“ ihr Comeback. 1969 gehörte sie zu den bekanntesten Personen des 20. Jahrhunderts. Die Langeooger Goldschmiedin Eva Recker schuf ihr ein bronzenes Denkmal in der Ortsmitte.

KULTUR UND UNTERHALTUNG

Langeoog ist reich an Kultur und Unterhaltung. Das „Spöölhus“ (Spielhaus) und die „Spöölstuv“ (Spielstube) dürften für die Kleinen der größte Publikumsmagnet sein. Hier können Eltern ihre Kinder unbesorgt abgeben und sich selbst ins Vergnügen stürzen. Im Juli findet hier ein breit angelegtes Sommerfest statt. Für Freunde gepflegter Fernsehunterhaltung gastiert die Städteküstentour der „Aktuellen Schaubude“ Anfang Juli regelmäßig auf der Insel. Mitte Juli wird in der Langeooger Strandhalle seit den 50er Jahren die „Miss Langeoog“ gewählt. Das Langeooger Dörpfest Ende Juli ist ein Fest für die ganze Familie. Anfang August laden dann seit 2005 die Langeooger Einkaufsnächte zum zügellosen Shopping ein. Mitte August feiert seit 1957 das Zeltlager der Sportjugend sein Sommerfest mit Funsport- und Fußball-Turnieren. Die Langeooger Inselbühne hat von April bis November Saison, das Kino Windlicht ist ganzjährig geöffnet. Auf einen „Schnack“ beim Bier geht man gern „In't Stürhus“ oder in die „Kapstube“. Partywütige treffen sich in der „Düne 13“ an der Dünenpromenade. Ruhigere Unterhaltung bietet das „Haus der Insel“ mit einem Schifffahrtsmuseum und dem Nordseeaquarium. Das Caspar-Döring-Haus (Seemannshus) zeigt Ausstellungen zur Inselgeschichte. Ebenfalls zur Besichtung offen steht die Seebeobachtungsstation der Deutschen Gesellschaft zur Rettung Schiffsbrüchiger. Ihr Aussichtsturm gewährt einen Blick auf die Inseln Spiekeroog und Norderney. Für Wintergäste bauen die Langeooger um Nikolaus herum einen Weihnachtsmarkt im Haus der Insel auf. Ein weiterer Höhepunkt ist der Silvesterlauf des TSV Langeoog, der auch immer wieder Teilnehmer von außerhalb auf die Insel lockt.

***Die blauen Türme der Rettungswacht** sieht man häufig auf Langeoog. Die Insel hat sich ganz dem Küstenschutz und der Rettung von Menschen in Seenot verschrieben.*

DER WEG AUF DIE INSEL

Fähren fahren tideabhängig mehrmals täglich in rund einer Stunde von Bensersiel nach Langeoog. Das historische Bensersiel selbst ist äußerst sehenswert. Der Flugplatz Langeoog ist von Mai bis September geöffnet und wird u. a. von Bremen, Emden, Harlesiel oder Norden angeflogen.

Unentgeltlicher Wasserzoo: *Am Ostende Langeoogs eröffnet sich eine freie Sicht auf die nahe gelegene Seehundbank. Die Seehunde halten hier gerne ihren Mittagsschlaf. Zwischen Mai und September ist jedoch Abstand empfohlen: Die Seehundkühe bringen in dieser Zeit ihre Babys zur Welt und wollen ungestört sein.*

Seite 100 Malerische Kulissen *gibt es auf Langeoog reichlich. Wenn Fischerboote bei Sonnenuntergang ans Land zurückkehren, ist dies immer wieder ein idyllisches Schauspiel. Manche Boote sind täglich 12–15 Stunden auf dem Wasser.*

Mit einer Gesamtfläche *von 19,67 km² liegt Langeoog zwischen den Ostfriesischen Inseln Baltrum im Westen und Spiekeroog im Osten im Meer. Der Westteil misst an seiner breitesten Stelle 3,5 Kilometer, während das schmale Süderriff an der Südspitze der Insel gerade einmal 50 Meter breit ist.*

Strandlauf bei Dämmerung: *Wenn sich die See in den ganz frühen Morgenstunden zurückzieht und der Strand noch menschenleer ist, nutzen auch auf Langeoog die Menschen den freien Strand für einen Strandlauf in der Dämmerung.*

Bei Tag lacht die See, bei Nacht wird sie geheimnisvoll. *Ein Strandspaziergang mit Fußbad in der langsam hereinbrechenden Flut der frühen Abendstunden bringt Abwechslung vom sonnigen Alltag.*

Sonnenhof
Lale Andersen Haus

Malerischer Dünenstrand: *Fast karibisch mutet der Dünenstrand der Insel Langeoog bei strahlendem Sonnenschein und blauem Himmel an. Der beinahe weiße Sand musste jedoch in den letzten Jahren wiederholt künstlich aufgebracht werden: See und Wind reißen ihn immer wieder mit sich.*

Seite 106 Wo heute Robert Hofer *Scampi und Steaks von bester Qualität auftischt, wohnte einst die Schlagersängerin Lale Andersen. Sie bezog das ehemalige Militärlager in den Schirrhof-Baracken und baute das Gebäude zum idyllischen Sonnenhof aus.*

Idylle auf der „Insel des Sports": *Am quirligen Langeooger Strand gehört das gemütliche Sitzen im Strandkorb heute oft schon zu den außergewöhnlichen Betätigungen der Urlauber. Das breite Sportprogramm vom Nordic Walking bis zum Beach-Volleyball lockt immer mehr Badegäste aus den Strandkorbburgen.*

Der Wasserturm auf der Kaapdüne ist das Wahrzeichen Langeoogs. Er wurde im Jahre 1909 errichtet und bietet in 32 Metern Höhe eine Aussichtsplattform, von der aus man das Festland und die Nachbarinseln erblicken kann.

Friedlich grasende Pferde gehören auf Langeoog zur Landschaftskulisse. Als Nutztiere kamen die Pferde im 17. Jahrhundert auf die Insel, heute grasen sie vor allem zur Freude kleiner und großer Pferdenarren auf den saftig grünen Weiden.

Am Abend *stellt sich auch auf der quirligen Insel Langeoog Ruhe und Beschaulichkeit ein. Die eindrucksvollen Sonnenuntergänge am Watt sind zu jeder Jahreszeit ein Naturschauspiel der besonderen Art.*

Grüne Verführung – die Insel Spiekeroog

Einwohner:	900
Touristen pro Jahr:	78.000
Seeheilbad seit:	1846
Größe:	17 km²

Ponytour vor historischer Kulisse: *Der älteste Rettungsschuppen der Insel (1862) dient heute der Aufbewahrung von Pferdegeschirr.*

Spiekeroog ist dank seines reichen Baum- und Strauchbestandes die grünste der Ostfriesischen Inseln. Mit dem 24 Meter hohen Dünenzug am Slur- und Hellerpad verfügt Spiekeroog darüber hinaus über den höchsten Aussichtspunkt der gesamten Inselkette, den die Einheimischen als „Mount Everest Ostfrieslands" bezeichnen. Der zehn Kilometer lange Spiekerooger Strand wurde kürzlich von einem Lifestylemagazin unter die Top Ten Europas gewählt. Spiekeroog ist auch die einzige der Ostfriesischen Inseln, die wächst: Noch 1860 gerade einmal sechs Kilometer lang, hat sich Spiekeroog bis zum Jahr 2007 bereits auf zwölf Kilometer Länge und 17 km² Grundfläche ausgedehnt, Tendenz steigend. Grund für das Inselwachstum ist die 1894 vorgenommene Eindeichung der Harlebucht, die den Landverlust im Westen beendete. Veränderungen des Strömungsverlaufs der Nordsee führten außerdem zu umfangreichen Sandanspülungen auf Spiekeroog. Eine weitere Besonderheit dieser romantischen Insel ist ihre historische Bausubstanz, die zwischen den von Bäumen gesäumten kleinen Straßenzügen hervorblitzt. Sie gibt eine gute Vorstellung davon, wie sich das Inselleben in den vergangenen Jahrhunderten gestaltet haben mag.

Die Spiekerooger gehen mit all diesen Besonderheiten, die ihre Insel zweifellos bietet, nicht hausieren. Mit viel Understatement lässt man die Touristen lieber selbst entdecken, was das Leben auf Spiekeroog so besonders macht, indem man sie einfach am hier noch so lebendigen Inselalltag und an der natürlichen Ruhe der Insel teilnehmen lässt. Scheinbar ganz unbeeindruckt gibt sich die Inselbevölkerung dabei von den immerhin 78.000 Gästen, die hier jährlich eine Herberge suchen. Bewusst wurde auf Strandpromenade und Seebrücke, auf ein übertrieben vielfältiges Sport- und Kulturangebot, auf Discos und Rummelplatz und natürlich auf Autos verzichtet. Einstige Errungenschaften der Moderne auf Spiekeroog wurden in den vergangenen Jahrzehnten sogar wieder abgeschafft: Bereits 1946 nach Kriegsende wurde der erst 1934 eröffnete Flughafen geschlossen. Von der 1949 motorisierten Inselbahn blieb lediglich ein heute wieder mit Pferden gezogener Zug für gerade einmal 16 Passagiere übrig. Was dem Alltag nicht dient, gehört nicht nach Spiekeroog, scheint ein unausgesprochener Grundsatz zu sein. Allein den Bau einer katholischen Kirche in den 60er Jahren unternahmen die protestantischen Inselbewohner zum Seelenheil der vielen Touristen aus Nordrhein-Westfalen, die seit Jahrzehnten Spiekeroog die Treue halten.

HISTORISCHES

Die Geschichte Spiekeroogs ist abenteuerlich und im Unterschied zu jener vieler anderer Ostfriesischer Inseln auch durchaus politisch. Immer wieder sahen sich die Bewohner des Eilandes mit den großen innen- und außenpolitischen Gemengelagen der Jahrhunderte konfrontiert. So blieb die 1398 erstmals erwähnte Insel als Teil des kaisertreuen Harlingerlandes nach Einführung der Reformation zunächst als einziges Eiland katholisch. Der Junker Balthasar von Esens unternahm von hier aus planmäßige Piraterien, deren Ziel die an Spiekeroog vorbeifahrenden Schiffe protestantischer Kaufleute waren. Im Niederländischen Befreiungskrieg wurde die Insel schließlich ihrerseits Opfer der „Wassergeusen“, die für die protestantischen Niederlande Kaperfahrten und Plünderungen spanientreuer Besitzungen anordneten. Erst 1600 fiel die Insel an die Grafen von Ostfriesland. 1625 entstand die erste protestantische Kirche, 1696 eine zweite, die noch heute erhalten ist. 1738 hatte Spiekeroog bereits 250 Einwohner, darunter viele Emigranten des von den Fluten zerstörten Langeoog. Durch Fischerei und Muschelhandel gelangten die Insulaner zu respektablem Wohlstand. Muscheln waren in der frühen Neuzeit als Kalk-Brenngut ein beliebter Exportartikel. In den Napoleonischen Kriegen brachen schließlich wieder Unruhe und Katastrophen über die Insel herein. Seiner strategisch wichtigen Lage zum britischen Helgoland wegen nutzten die Franzosen Spiekeroog als wichtigen Militärstützpunkt und legten starke, noch heute erhaltene Festungen an. Während die Inselbewohner mit Guerilla-Aktionen Widerstand gegen die Besetzer leisteten, unternahmen die Briten 1812 eine erfolglose Invasion des Eilandes. Der deutsche Befehlshaber

Ostfriesland pur: *Ein einsamer Insulaner passiert auf dem Fahrrad die meteorologische Inselanlage.*

von Spiekeroog wurde mit dem Silbernen Adler der Ehrenlegion ausgezeichnet.

Die Entwicklung Spiekeroogs zum Nordseeheilbad begann indessen spät. 1828 angebahnte Versuche scheiterten, und auch mit den später erworbenen ausrangierten Badekarren vom benachbarten Norderney, konnte die Insel auf Dauer keine regelmäßigen Touristenströme anlocken. Die Einwohner lebten offenbar noch recht gut vom Fisch- und Muschelfang und konnten selbst im Bereich der Angelschellfischerei trotz vehementer Konkurrenz durch die Fischerei-Methoden der Dampfschifffahrt bis ca. 1900 ein Monopol halten. 1855 vollzog sich die allmähliche Wende: Erst erstanden die Spiekerooger weitere Kurgüter aus Wangerooge, 1861 wurden schließlich ein Wirtshaus sowie das Süßwasser- und Strandbad eröffnet. 1892 errichtete man eine Landungsbrücke und legte zwei Jahre später Buhnen zur Sicherung der Küste an. Um 1913 kamen jährlich 2.000 Kurgäste. Doch blieben die Spiekerooger der Tradition lange stark verbunden: Die 1885 eingerichtete Pferdeinselbahn wurde erst 1949 motorisiert. 1928 setzte man erstmals Motorschiffe für den Insel-Land-Transfer ein. Der Inselflugplatz wurde 1934 errichtet, 1946 wieder geschlossen. Erst 1967 eröffnete das Kurhaus mit Konzertsaal und Kurgarten, 1973 ergänzte ein Hallenbad den Kurbetrieb.

Grasende Galloway-Rinder *suchen nach Nahrung in den Hellern von Spiekeroog. Verlassene, weite Kulissen wie diese machen den Charme der noch weitgehend unberührten Insel aus.*

ARCHITEKTUR UND NATUR

Spiekeroog ist im Vergleich zu den anderen Ostfriesischen Inseln sehr grün. Vom Neeland im Südwesten bis zur Ostbake an der Nordostspitze bilden naturgeschützte Wälder, Grünflächen und Wiesen die Landschaftskulisse. Die Westgroden an der Südspitze mit ihren reichlichen Schwalbenbeständen, der Campingplatz in den Dünen und die Franzosenschanze bilden eine abwechslungsreiche Kulisse. Von der Zivilisation nur wenig berührt zeigt Spiekeroog noch seine natürliche Struktur mit Dünenkern, Inselgroden und Ostplate. Der Inselort auf der Westhälfte trennt die Westgroden und das Neeland vom größeren Ostgebiet. Der Ort Spiekeroog ist aufgrund seiner historischen Bausubstanz besonders sehenswert: Rote Klinkerstraßen mit grün-weiß gestrichenen Gartenzäunen säumen die alten, geduckten Friesenhäuser. Ein Prunkstück ist die 1696 erbaute alte Inselkirche mit den um 1588 gemalten Apostelbildern, die von einem Flaggschiff der „Großen Armada" der spanischen Flotte stammen sollen. Ebenfalls bemerkenswert sind die plattdeutschen Bibelsprüche der Renaissancekanzel. Modernere, aber ebenfalls schöne Kirchen sind die Sommerkirche (1960) mit ihrem Glockenspiel und die neue katholische Kirche (1970) nach dem Entwurf von Stararchitekt Walter J. M. Bunsmann. Im Nordosten liegt hinter den Weißen Dünen schließlich der Badestrand der Insel, der auf den großen Komfort verzichtet und allein durch die Anlage der Strandhalle modernes Gepräge zeigt.

Westlich des Ortes legten die Spiekerooger auf 20 ha das neue und das alte Friederikental an: Der Baumbestand, der Sträucherreichtum und die bemerkenswerte Bodenflora ließen hier ein imposantes Biotop entstehen, das in der ostfriesischen Inselwelt einzigartig ist. Weiter nordwestlich schließen sich die Sandlandschaften von Nordstrand und Legde an, die frei von jedweder Zivilisation den ursprünglichen Charakter der Insel zeigen. Der Slurpad und

Das Galloway-Rind ist ein südschottischer Einwanderer und gehört zu den ältesten Rinderrassen der Welt. 1973 erreichte das erste Galloway Deutschland. Die leichte Haltung und die hervorragende Fleischqualität führten bald zu seiner Ausbreitung. Auch im Spiekerooger Umweltzentrum Hermann-Lietz-Schule hat die pelzige Rinderrasse ein Zuhause gefunden und ist eine kleine Touristenattraktion. Robust und anspruchslos sind Galloways dem rauen Klima Spiekeroogs ganzjährig bestens gewachsen. Die Bullen wiegen bis zu 800 kg, die Kühe erreichen ein Gewicht von bis zu 600 kg.

der Hellerpad bieten an der Aussichtsdüne einen Panoramablick auf die Insel. Über 147 ha erstreckt sich schließlich das Naturschutzgebiet Ostplate im Osten der Insel. In den Dünenzügen liegt das Brutgebiet der Silbermöwen. Die Ostbake markiert das Inselende; hier ist Spiekeroog gerade noch 200 bis 400 Meter breit.

Spiekeroog ist ebenfalls Teil das Nationalparks Wattenmeer, bietet aber vor allem jenseits der Wattlandschaft eine imposante und originelle Flora und Fauna. Heckenrosen, Strandflieder und Astern tauchen immer wieder in den nahezu unberührten Dünenlandschaften auf. Auch die Oosterplantung im Norden des Ortes zeigt mit ihren Schwarzkiefern und den Brachen der ehemaligen Kartoffel- und Gemüsefelder ein für die Nordsee unübliches Bild. Im Friederikenwald, der 1860 künstlich angelegt wurde, wachsen Silberpappeln, Erlen, Eichen und Schwarzpappeln, die sich trotz des sandigen Untergrundes fest etabliert haben. Das Umweltzentrum Wittbülten dokumentiert all diese Besonderheiten in lehrreichen Ausstellungen und bildet zugleich den Eingang zum 7 km langen Naturschutzgebiet Ostplate. Die Durchquerung ist hier nur auf den bezeichneten Wegen gestattet, um die Brutgebiete vor allem der Silbermöwen nicht zu stören. Stranddisteln, Strandqueller, Salz- und Strandastern und andere seltene Arten der Nordseefauna haben sich hier angesiedelt. In den Weißdünen des Nordens dagegen entdeckt man Exemplare des seltenen Strandhafers. Im südlich gelegenen Sonnentauwäldchen stößt man auf verschlungene Baumarten, die eine märchenhafte Atomsphäre ausstrahlen. Weitere botanische Highlights im Nordwesten des Ortes Spiekeroog sind die Braundünen, die von einer dicken braunen Humusschicht mit Krähenbeerenbewuchs überzogen sind.

Die Fauna Spiekeroogs ist ebenfalls außergewöhnlich: Die zahlreichen Pferde im Süden und die Galloway-Herden auf der Weide nahe der Hermann-Lietz-Schule sind einzigartig. Beachtliche Zug- und Brutvögelbestände aus Eiderenten, Austernfischern, Silbermöwen, Zwergseeschwalben, See- und Regenpfeifern bevölkern die Ostplate. Zwischen April und Juli darf das Gebiet deshalb nur unter großen Einschränkungen betreten werden. Die Westgroden sind der Brutplatz von Fluss- und Seeschwalben. Für die Erkundung der artenreichen Wattlandschaften stehen auf Spiekeroog übrigens gleich sieben Wattführer zur Verfügung.

Friesismen: Die Geschichte des ostfriesischen Inseldialektes ist unter Germanisten bis heute heftig umstritten. Fest steht jedoch, dass weder das „Norderneyer Platt“ noch die anderen Inseldialekte viel mit der Sprache der einstigen Ureinwohner gemeinsam haben. Bereits im 16. Jahrhundert war das Friesische auf dem Festland zwischen Ems und Jadebusen weitgehend verschwunden und durch das Hochdeutsche ersetzt worden, auf den Inseln breitete sich Plattdeutsch, ein Slang der einstigen Hansesprache Mittelniederdeutsch, aus. Niederländische Deichbauer und Händler importierten ebenfalls zusätzliches Sprachgut, und auch die Franzosen ließen nach dem Abzug ihrer Truppen von Norderney so manches Wort auf den Inseln zurück.

Glaarg = *Qualle*
Foon = *Mädchen*
Drüppel = *Türschwelle*
sük = *krank*
lüttji= *klein*
klam = *steifgefroren*
blied = *fröhlich*
küren = *plaudern*
gieren = *schreien*

Französisches Importgut:
Buddel = *Flasche (bouteille)*
Professchoon = *Beruf (profession)*
Pläseer = *Freude (plaisir)*
mall = *schlimm (mal)*

Niederländisches Importgut:
Kluntje = *Kandiszucker*
Kukinje = *Naschwerk*
Mudder = *Schlamm, Kot*
Priemen = *Tabak kauen*
moi = *schön*

INSELLEBEN

Ein Tag auf Spiekeroog beginnt im Normalfall mit einem Frühstück auf der Terrasse mit den Brötchen aus den Bäckereien Gerdes und Stutje. Danach begeben sich die Badegäste gemächlich ins Ortszentrum, um bei „Dit & Dat“ neue Strandartikel, Sonnencreme und die neueste Ausgabe des Spiekerooger Inselboten einzukaufen. Eine breite Palette an Strandproviant hält der Frischemarkt Bruns bereit. So gerüstet ziehen die Touristenscharen an den Strand, vorbei am Lese-Pavillon und der geheimnisvoll in den Himmel ragenden, dreieckigen katholischen Kirche, um sich schließlich am Strand niederzulassen. In der Strandhalle kann man bei unerwartetem Regen Kaffee trinken oder einfach auf der Terrasse in der Sonne dösen. Nach dem Sonnenbad geht es wieder zurück in den Ort, um beispielsweise beim „Meeresfrüchtchen“ Fischbrötchen zu kaufen oder in der „Teestube“ (Noorderloog 1) oder im „Teetied“ (Süderloog 1) bei Keksen und Tee zu entspannen.

Historisches Prunkstück: *Die 1686 erbaute Inselkirche mit der Renaissancekanzel. Das Altarbild wurde 1896 in Berlin angefertigt.*

Erst am späten Nachmittag kehrt reges Leben auf die Straßen des Ortes zurück: Da das Gros der Touristen auf Spiekeroog zu den Selbstversorgern gehört, sind der Fischladen oder Feinkost Sanders beliebte Treffpunkte beim abendlichen Lebensmitteleinkauf. Bald beginnen sich auch die Restaurants zu füllen. Das Hotel-Restaurant „Siwalu“ und die Bar „Kap Hoorn“ sind beliebte Adressen für Freunde gehobener Culinaria: Gebratene Kutterscholle, Spaghetti Scampi oder Sanddorn mit Pistazienparfait kommen hier auf den Tisch. Am Noorderpad 3 sitzt man im „Inselzauber“ bei Pasta und Rotwein ganz italienisch. Eine historische Kulisse und eine traditionelle Speisekarte bietet das Alte Inselhaus am Süderloog 4. Fischfreunde kommen bei „Janssand“ (Wüppspoor 2) oder idyllisch abgelegen in Jochen Boosmanns „Dünenklause“ (Tranpad 11) auf ihre Kosten. Empfehlenswert ist auch das Restaurant-Hotel „Inselfriede“ (Süderloog 12). Hochprozentiges für die Verdauung servieren im Anschluss der „Sir George Pub“ (Südermenss 1) oder der „Klabautermann“ (Noorderloog 17).

Teatime: *Das Café Teetied am Süderloog ist die Adresse für das tägliche ostfriesische Teezeremoniell.*

Die klassische Ferienwohnung ist eine häufig gewählte Unterkunftsmöglichkeit auf Spiekeroog. Unter anderem bietet das Haus Seewolf komfortable Wohnungen an. Auch die Wohnungen im Haus am Süderloog werden dank ihres schönen Blicks auf Heller und Deich gern gemietet. Luxuriöse Vier-Sterne-Wohnungen bietet das Haus Krönchen hoch oben am Slurpad 4. Doch auch noble Hotels fehlen auf Spiekeroog nicht: Seit 150 Jahren ist das Hotel zur Linde auf Spiekeroog das erste Haus am Platz. Kürzlich eröffnete mit dem Hotel Upstalsboom eine zweite Filiale mit modernem Ambiente. Weit weniger komfortabel, aber deswegen nicht weniger beliebt ist der Campingplatz in den Dünen am Westend, der naturverbundene Touristen in Scharen anzieht und deshalb stets weit im Voraus ausgebucht ist. 3,5 Kilometer muss man von hier aus allerdings bis zum Ort zurücklegen, weswegen sich unter den Campern zwischen Mai und September längst ein kleiner Privatkosmos ausgebildet hat. Nur 100 Meter sind es hingegen bis zur Küste. Hier trifft man Touristengruppen, die sich das Schauspiel des am Westend besonders idyllischen Sonnenunterganges nicht entgehen lassen wollen oder muntere Strandpartys feiern. Im „Old Laramie", der einzigen „Pub-Disco" des Ortes, treffen sich gestandene Partymenschen nur wenige Minuten entfernt abends bei „Musik und Tanz".

Wilde Strände und wogende Gräser *sind ein Markenzeichen von Spiekeroog. Zum Baden ist es im Monat März aber noch zu kalt. Ein Erpel übernimmt die Strandwacht an diesem kühlen Frühlingstag.*

Spiekeroog ist zugleich ein Eldorado für Pferdeliebhaber: Frauke Strothmanns Islandhof (Up de Höcht 5) und der Reitstall Petschat (Achter d'Diek) vermieten Pferde und veranstalten Ausritte für Erwachsene und Ponytouren für Kinder. Wolfhart Klasing betreibt eine Segelschule am Westend, und bei Ingo Huth am Noorderloog 29 werden Tenniskurse angeboten. Ansonsten heißt es für Spiekerooger Touristen: Wandern, wandern, wandern – sei es zu den Westgroden, über Wittbülten in die Ostplate, zu den Aussichtsdünen Slurpad und Hellerpad, auf eine botanische Expedition ins Friederikental oder einfach nur entlang dem Strand bis zu den verlassenen Ebenen hinter dem Nordstrand.

WELLNESS UND GESUNDHEIT

Auch Spiekeroog ist Kurheilbad: Das Kurmittelhaus, das Mutter-Kind-Kurheim und das Inselbad bieten auf Rezept klassische Programme an. Die Meerwasser-Trinkkuren und die warmen Salzwasserbäder dienen vor allem der Bekämpfung von chronischen Katarrhen, Bronchialasthma und Allergien, werden hier jedoch auch bei Wachstums- und Entwicklungsstörungen angewandt. Unbedingt sind die Gegenindikationen bei Herz- und Kreislauferkrankungen oder Erkrankungen der Nieren und Harnwege zu beachten. Das Inselbad „Schwimmdock" bietet klassische Saunen und ein Sanarium. Das Schwimmwasser hat eine tropische Temperatur von 30 C°. 1973 erbaut, wurde das Haus 1996 einer Generalsanierung unterzogen und hat inzwischen auch Thalasso-Behandlungen im Programm. Das Hotel Upstalsboom Spiekeroog am Pollerdiek 4 verfügt auf stattlichen 230 m² ebenfalls über ein breites und modernes Wellnessangebot mit Sauna, Floatarium, Litusorium und Hydrotherapien.

Der Ostfriesentee gilt auf den Inseln als wahres Lebenselixier: Bis zu zwei Liter trinkt ein ausgewachsener Insulaner täglich. Die Teezeit gehört zum Inselalltag und muss genau nach einem alten Zeremoniell erfolgen: Zuerst legt man zwei bis drei Kluntje (großer Kandis) in die Tasse, danach wird der Tee aufgegossen, mit einem kleinen Teelöffel wird schließlich ein Tröpfchen Flüssigsahne – das „Wulkje" – vorsichtig am Rand eingelassen. Der Tee wird unverrührt getrunken, so dass sich die Geschmacksrichtungen cremig, herb und süß am Gaumen abwechseln. Der original Ostfriesentee wird in Ostfriesland aus zehn internationalen Teesorten (u. a. Assam, Darjeeling, Ceylon) komponiert. Ein prominentes Teehandelshaus ist die Bünting GmbH in Leer.

KULTUR UND UNTERHALTUNG

Die Spiekerooger vermeiden jeglichen Touristenrummel, der von den Schönheiten ihrer Insel ablenken könnte, weswegen auch das Kulturprogramm auf der Insel durchaus übersichtlich ist. Ein Minigolfplatz, der Lesepavillon und ein Kino, das alte Kassenschlager zeigt, bilden im Wesentlichen das Unterhaltungsangebot. Am Strand werden tagsüber auch Aerobic-, Selbstverteidigungs-, Volleyball- und Malkurse angeboten. Kinder kommen bei der Pool-Party im Schwimmdock jeden Samstag ab 14 Uhr auf ihre Kosten. Im Kurhaus tritt gelegentlich das Orchester des Heimatvereins auf, und der Bürgermeister liest bei besonderen Anlässen selbst aus der Inselhistorie. Das Künstlerhaus am Achter d'Diek 3 am Ortsende West bietet sporadisch wechselnde Veranstaltungen im Bereich Kunst und Bühne. Immer wieder finden auch die beliebten Leseabende bei Kerzenschein im Inselpavillon in den Weißdünen statt. Das Muschelmuseum im „Haus des Gastes – Kooge" zeigt über 2.000 Muschelarten in einer einzigartigen Sammlung. Über die Inselgeschichte informiert das Inselmuseum mit einer liebevoll gestalteten Ausstellung.

DER WEG AUF DIE INSEL

Vom Spiekeroog-Anleger Neuharlingersiel gelangt man mit der Fähre in rund 50 Minuten nach Spiekeroog. Der Fahrplan ist tideabhängig. Bei langen Wartezeiten bietet der gut erhaltene historische Hafen jede Menge Abwechslung. Den PKW parkt man in den „Spiekeroog-Garagen".

Geheimnisvolle Salzwiesen: *Wie elegante, silberne Fabelwesen schlängeln sich die Priele aus dem Watt in die Salzwasser-Übergangszone der Spiekerooger Groden.*

Gut 15 Minuten *ist man vom Ort Spiekeroog bis zum Strand unterwegs. Die schöne Landschaftskulisse mit der Silhouette der katholischen „Dreieckskirche“ entschädigt jedoch für den Fußmarsch.*

***Der Hauptstrand von Spiekeroog** zählt zu den schönsten Stränden Europas. Seine Naturbelassenheit und die hohe Qualität des Sandes begeistern die Badegäste jedes Jahr aufs Neue. Auf eine Strandpromenade mit Touristenprogramm wurde bewusst verzichtet.*

Landpartie über Wiesen und Felder. *Von der ehemals motorisierten Inselbahn blieb nur noch ein Wagen, der heute wie zu Großmutters Zeiten mit zwei Pferdestärken über die grüne Insel rollt. Besonders die Kinder genießen die Fahrt im klapprigen Waggon.*

Die Schienen der alten Inselbahn *versinken langsam aber sicher im Sand Spiekeroogs. 1981 wurde ein Großteil der 1949 eingerichteten motorisierten Inselbahn demontiert. Die legendäre Diesellokomotive V2 wurde 2000 in einer aufwändigen Aktion zum Festland transportiert und ging in das Eigentum des Deutschen Eisenbahnvereins über.*

Ort der Ruhe: *der Lesepavillon in den Dünen am Hauptbadestrand von Spiekeroog*

Spiekeroog ist eine „Pferdeinsel": *Seine Reiterhöfe gehören zu den Touristenattraktionen schlechthin. Grasende Pferde prägen das Inselbild wie Wasser, Sand und Wiesen und sind für Jung und Alt ein begehrtes Fotomotiv.*

***So einsam und märchenhaft** wie hier gibt sich die Insel Spiekeroog ihren Besuchern besonders gern an Regentagen: Der mit Wolken verhangene graublaue Himmel kontrastiert das Klinkerrot des einsamen Gemeindehäuschens, und die Natur pinselt einen Regenbogen die Luft.*

Bunt durcheinandergewürfelt stehen die Strandkörbe *am Hauptstrand der Insel im Sand. Nicht nur Individualisten sind von der sich so verbreitenden lockeren Stimmung begeistert, auch passionierte Strandkorbwallbauer sollen Gefallen gefunden haben am auf der Insel herrschenden Laisser-faire.*

Seite 132 Das abwechslungsreiche Farbenspiel *der Sonnenuntergänge auf Spiekeroog ist allabendlich aufs Neue sehenswert. Der Badestrand im Nordwesten der Insel bietet hierfür eine ideale Aussichtsplattform.*

Seit dem 2. Mai 1792 *steht der Hafen von Spiekeroog für die Fähren aus Neuharlingersiel offen. Auch kleine Yachten und Cruiser machen hier gerne auf ihren Reisen durch die Nordsee Station.*

Ein Urlaubs-Mikrokosmos für sich: *der Spiekerooger Campingplatz Palisadendiek am Westend 7 gehört zu den beliebtesten Unterkünften der Insel.*

Wangerooge – die langsame Insel

Einwohner:	1.200
Touristen pro Jahr:	200.000
Seeheilbad seit:	1804
Größe:	4,97 km²

Werbeplakat aus dem Jahr 1930: *Die Urlauberzahlen auf der Insel stagnierten in den Zeiten der Wirtschaftskrise. Wangerooge warb dennoch engagiert und stilvoll mit seinen Reizen.*

Mit seinem 56 Meter hohen Westturm und einem Leuchtfeuer, das spielend 23 Seemeilen überbrückt, grüßt die Insel Wangerooge ihre Urlauber. Sie bildet das Ende der Perlenschnur, die die Ostfriesischen Inseln durch Wattenmeer und Nordsee spannen. Dabei ist Wangerooge eigentlich gar keine Ostfriesische Insel. Das Eiland gehörte über Jahrhunderte zum Herzogtum Oldenburg und liegt auch heute im Oldenburger Regierungsbezirk. Merken wird der Tourist auf Wangerooge hiervon jedoch nichts: Harmonisch fügt sich Wangerooge in die ostfriesische Insellandschaft ein.

Auf einer Länge von 8 km umfasst Wangerooge 4,97 km² Landfläche. Die rund 1.200 Einwohner stellen ihren Gästen jährlich 5.000 Betten zur Verfügung. 200.000 Besucher erfreuen sich jedes Jahr an den gemächlichen Verhältnissen, die auf der Insel herrschen, und die ihr auch den zweifelhaften Ruf als „langsame Insel" eingebracht haben. Dabei ist dies durchaus als Kompliment zu verstehen: Beschaulich und ohne Hektik gehen die Wangerooger zu Werke. Die Gezeiten, so scheint es, regeln auch den Lebensrhythmus der Inselbewohner. Und so kann ein einfacher Einkauf beim Kaufmann auch gerne eine halbe Stunde dauern, wenn die Verkäuferin erst einmal zu erzählen beginnt. Selbst die Inselbahn rollt unbeeindruckt von heutzutage üblicher Hektik gemütlich mit einer Geschwindigkeit von nur 20 km pro Stunde durch Dünen, Salzwiesen und Watt. Der herrschaftlich angelegte Bahnhof im Jugendstil und der inseleigene Flughafen wirken in dieser beschaulichen Idylle geradezu deplaziert, was Wangerooge jedoch einen zusätzlichen Charme verleiht.

Auch Wangerooge ist autofrei, und wenn die Bestimmungen hier auch nicht ganz so strikt sind, so legen die Bewohner doch Wert darauf. Allein Krankenwagen und Feuerwehrwagen fahren hier motorisiert, Autos mit Elektromotoren werden nur von Einheimischen genutzt. Eine ganze Armee von 1.000 Fahrrädern hält man im Gegenzug für die Besucher bereit. Tidebus, Fähre und Inselbahn sorgen für den An- und Abtransport von Gütern und Touristen. Eine weitere Besonderheit der Insel ist ihre extrem flache Tide. „Schlickrutscher" nennen die Einheimischen deshalb die mit nur 1,20 m Tiefgang fahrenden Fähren, die Wangerooge täglich anlaufen.

HISTORISCHES

Wangerooge, erstmals 1327 urkundlich erwähnt, glänzte in der Vergangenheit weniger als Seebad denn durch seine strategische und sicherheitstechnische Lage an der Einfahrt des Jadebusens. Bereits 1597 ließ Graf Johann von Oldenburg hier eine Kirche mit einem gewaltigen Westturm errichten, um den Schiffen der Bremer Hanse eine sichere Fahrt in die Weser zu gewährleisten. Die Herzöge von Anhalt-Zerbst bemühten sich im 18.Jahrhundert um den Aufbau Wangerooges zur Militärbasis. Seine exponierte Lage für Handelsschifffahrt und Marine erwies sich jedoch über die Jahrhunderte als verheerend. Im 17. Jahrhundert wurde die Insel immer wieder von Kaperfahrten niederländischer und französischer Piraten heimgesucht. Im Napoleonischen Krieg versuchten Russland, Holland und Frankreich, Wangerooge zu übernehmen. Bei Ausbruch des Ersten Weltkrieges führte ein bevorstehender Angriff der Royal Air Force auf die kaiserliche Marinebasis Wilhelmshaven zur Sprengung des Westturmes. In den 30er Jahren wurde die Insel mit Bunkern und Luftabwehranlagen aufgerüstet. Der Zweite Weltkrieg zog Wangerooge stark in Mitleidenschaft: Am 24. Mai 1945 schließlich zerstörten französisch-britische Verbände mit 6.000 Sprengbomben die Infrastruktur nahezu total.

Beliebt bei Touristen: *eine Radtour über den Wangerooger Deich*

Was der Krieg nicht schaffte, das besorgte die See: Seit dem 16. Jahrhundert verlor Wangerooge im Westen erheblich an Landmasse. Landwirtschaftliche Nutzgebiete versanken bis 1730 sämtlich im Meer. 1854/55 wurde das komplette Westdorf bis auf den Westturm von den Fluten verschluckt. Dennoch begann bereits 1804 mit der symbolischen Stiftung eines Badekarrens durch Friederike von Anhalt-Bernburg Wangerooges Geschichte als Seebad. 1819 wurde der geordnete Betrieb aufgenommen und steigerte die

Die seltenen Silbermöwen *haben ihr Brutgebiet im Nordosten von Wangerooge im Naturschutzgebiet Ostplate. Bei Sonnenuntergang kann man Jungtiere und Eltern auf ihren abendlichen Ausflügen zur See beobachten.*

Touristenzahlen bis zur großen Flut 1854 erheblich. 1865 wagte man mit dem Aufbau des Ostdorfes einen Neuanfang. 1891 erhielt Wangerooge eine Dampfschiffanbindung, 1897 einen Anleger und eine Inselbahn. Nach zwei Weltkriegen gelang ein weiteres Mal der rasche Wiederaufbau, doch 1962 brach erneut eine schwere Sturmflut über Wangerooge herein. 1969 errichtete man einen neuen Leuchtturm. 23 Meilen weit strahlt sein Leuchtfeuer heute, um den schwergewichtigen Frachtschiffen, die täglich in Wilhelmshaven abgefertigt werden, friedlich den sicheren Weg zu weisen.

Trotz aller Hindernisse gab es in der Geschichte von Wangerooge auch goldene Zeiten. Der Oldenburger Amtmann Zedelius bemühte sich Ende des 19. Jahrhunderts engagiert und erfolgreich um Wangerooges Aufstieg zu einem Kurbad erster Ordnung: Die neue Strandpromenade, die Inselbahn, die Hotelbauten in der später nach ihm benannten Zedeliusstraße und das mondäne Haus Gerken zogen bis zum 1. Weltkrieg zahlreiche Urlauber, u. a. den König von Sachsen und amerikanische Unternehmer, an. Die rasche Wiederaufbauarbeit in den 50er und 60er Jahren war schließlich allein dem Engagement der Inselbewohner zu verdanken, die die Früchte ihrer Bemühungen heute wieder genießen dürfen.

Kaum Zivilisation und viel Landschaft: *Wangerooge sieht man die allseits herrschende Ruhe bereits aus der Vogelperspektive an.*

GEOGRAFIE UND ARCHITEKTUR

Zwischen Jever im Süden und Helgoland im Norden erstreckt sich das Eiland von Wangerooge. Ihren Namen „Wieseninsel“ – vom friesischen „Wanga“ = Wiese und „Oog“ = Insel – trägt die Insel heute aber kaum noch zu Recht. Der Badestrand mit seinen zahlreichen Buhnen bestimmt das Erscheinungsbild zur Seeseite. Hinter dem Strand erstreckt sich der Ort Wangerooge mit dem Kurviertel und seinen Wohn- und Einkaufsstraßen. Historistische Nachkriegsarchitektur im Klinkerstil prägt Wangerooge. Seine Straßen wurden rechtwinklig angelegt. Die höheren Beton-Bauten an der Uferpromenade bilden eine recht gewaltige Strandkulisse. Ebenfalls jüngeren Datums ist die katholische Kirche St. Willehad (1964). Das evangelische Gotteshaus St. Nikolai am Alten Leuchtturm (1864/1927) trat 1911 die Nachfolge der versunkenen Westkirche an.

Sanddorn: Bis zu sechs Meter hoch wird der Sanddornstrauch mit seinen weißlich-filzigen Blättern und den charakteristischen orangeroten Früchten. Nirgendwo auf den Inseln ist er so häufig wie im Sanddorntal Wangerooges. Der Sanddorn stammt aus der Familie der Öldornengewächse. Ein hoher Gehalt an Vitamin B12 und C, Carotine, Gerbstoffe und ungesättigte Fettsäuren machen seine Früchte zu einem Naturheilmittel, das in Tee, in Säften oder als Likör verabreicht wird.

Zeigt die Uhrzeit bei Wind und Wetter: *Die Stranduhr hat die Kriegswirren unbeschadet überstanden.*

Südlich von Wangerooge Ort liegt der Süderheller hinter dem Süddeich am Watt. Naturkundlich interessant ist das Sanddorntal westlich des Ortes. Noch weiter Richtung Westen schließen sich südlich der Nordwestdüne der Neue Leuchtturm (1969), der Westturm mit Jugendherberge (1932) sowie der Yachthafen an der Lagune als populäre Ausflugsziele an. Im Südosten liegt der Wangerooger Flughafen. Die Ostgroden und der Ostdeich sowie das Seevogelschutzgebiet im Südosten beschließen den Inselkern. Am äußeren Ostende, auch Oststeert genannt, läuft ein weiterer Dünenzug direkt ins Meer.

Entspannt geht es am Wangerooger Strand zu. *Von der Strandmauer hat man einen Panoramablick.*

Auch Wangerooge gehört zum Nationalpark Niedersächsisches Wattenmeer. Die Liste der hier zu beobachtenden Fauna ist lang: Tauchenten, Rotschenkel, Eiderente, Knutt, Trauerente, Austernfischer, Alpenstrandläufer, Brachvogel, Brandgans, Brandseeschwalbe, Goldregenpfeifer, Hochseevögel, Kiebitz, Lachmöwe und Silbermöwe sind auf der Insel zu beobachten. In den Dünen kann man mit viel Glück Turmfalken und Eulen erspähen, ja sogar einmal die seltene Kornweihe antreffen. Feldhasen und Fasane bevölkern die Insel zu Lande.

Landschaftlich teilt sich Wangerooge in drei größere Zonen: An erster Stelle stehen die für Wanderer reizvollen Salzwiesen (Groden) im Westen (Westinnen-/Westaußengroden) und Osten (Ostin-

Der nur taubengroße Rotschenkel mit seinem dunkel gesprenkelten Prachtkleid ist zwar ein seltener, doch immer wieder gerne gesehener Gast auf den Ostfriesischen Inseln. Da der Rotschenkel in der Brutzeit Feuchtgebiete und Sümpfe liebt, sonst aber Flachwasserzonen bevorzugt, bieten ihm das Vogelschutzgebiet Wangerooges, das Watt und die Ostgroden ein behagliches Zuhause. Der Rotschenkel teilt sich seinen Lebensraum übrigens gerne mit dem ebenfalls auf Wangerooge beheimateten Kiebitz.

nen-/Ostaußengroden), die nur mit Genehmigung oder auf dem West- und Neudeich betreten werden dürfen. Dies nicht ohne Grund: Naturschützer bangen vor allem um die Brutstätten der hier nistenden seltenen Zugvögel. Das Deichvorland und die Strand- und Dünenlandschaften sind, wie auch auf den Schwesterinseln, weitere charakteristische Landschaftsarten Wangerooges.

Strandwacht: *Die Wangerooger geben sich gerne nostalgisch. In einem ehemaligen Strandwagen ist heute die Strandwacht untergebracht.*

INSELLEBEN

Das Leben auf Wangerooge ist beschaulich. Während die Einwohner ihrem ruhigen Tagesgeschäft nachgehen, können Touristen in den Sommermonaten Rad fahren, schwimmen, joggen und Beach-Volleyball oder Tennis spielen. Sportliche Naturen üben sich außerdem im Reiten, Windsurfen oder Katamaran-Segeln. Das gesellschaftliche Treiben spielt sich unter Touristen vor allem auf der Strandpromenade und um das hier gelegene Kurzentrum ab. Ein weiterer Brennpunkt ist die Fußgängerzone mit ihren Crêperien, Coffee-Shops und Bäckereien sowie einem breiten Fastfood-Angebot. Außergewöhnliche Schauspiele sind dagegen die Hochzeiten auf dem Leuchtturm, bei denen sich Verliebte, teilweise von weit her angereist, auf der Insel das Jawort geben.

Nach traditioneller Kurbad-Atmosphäre sucht man auf Wangerooge aufgrund der Kriegsschäden oft vergeblich, doch sind einige Relikte wie das Mutter-Kind-Kurheim Meeresstern (1908) in der Westingstraße erhalten geblieben und erinnern an den Kurbetrieb zu Kaisers Zeiten. Einen fürstlichen Anstrich gibt sich ebenfalls seit 1891 das Vier-Sterne-Strandhotel Upstalsboom an der Strandpromenade. Die zugehörigen Restaurants „Gerken“ und „Fischerstube“ sind beliebte Treffpunkte am Abend. Ein Kleinod auf Wangerooge, das zudem zu den beliebtesten Treffs der Insel zählt, ist das Café Pudding, das in einem kugelrunden Pavillon im Stil der 50er Jahre beheimatet ist und mit seinem Torten- und Kuchenangebot schon so manchem Wangerooger Touristen einen Strich durch seine Diätpläne gemacht hat. Immer wieder wird das Café auch von Hochzeitspaaren für Feiern gebucht. Zu Keksen und Tee darf man sich auch in der Friedrich-August-Straße in Menno Jürgens' „Teestube“ niederlassen. Natürlich sind auch die vielen Inselrestaurants immer wieder Anlaufpunkt für Touristen und Einwohner. Das Inselgasthaus Jan Seedorf reicht Ostfriesisches, die „W'ooge“

In keinem Bundesland *wird der alte Brauch vom Osterfeuer so kultiviert wie in Niedersachsen. Das Wangerooger Osterfeuer ist ein traditioneller Bestandteil des Festkalenders und zugleich eine willkommene Abwechslung für Touristen.*

Küche op Plaat: Ebenso wie die Dialekte mischen sich auf den Ostfriesischen Inseln auch die kulinarischen Einflüsse, die von Bremen über Friesland bis in die Niederlande reichen. Gerichte, deren Namen man kennen sollte, um sich vor den Einheimischen nicht zu blamieren und obendrein keine unangenehmen Überraschungen zu erleben: **„Labskaus“:** Eintopf aus Pökelfleisch, Matjes, Kartoffeln, Zwiebeln, garniert mit einem Spiegelei und einer Salzgurke **„Brauner Kohl mit Pinkel“:** Grünkohl, Speck, Kassler, Koch- und Grützwurst **„Kükenragout“ oder „Bookweten-Janhinnerk“:** Buchweizenpfannkuchen **„Updrögt Bohntjes“:** getrocknete grüne Bohnen, gekocht mit Speck, Kartoffeln und Mettwürstchen **„Mehlpüt“ oder „Speckendicken“:** Pfannkuchen **„Knüppelkuchen“:** knuspriges Gebäck aus Mehl, Milch und Salz **„Kluntje“:** großer Kandis, der im Tee oder Grog versenkt wird

in der Zedeliusstraße tischt Steaks und Fisch auf. Das Restaurant „Up Visite“ gehört seit knapp dreißig Jahren zweifellos zu den kulinarischen Top-Adressen der Ostfriesischen Inseln: 1997 wurde das Haus der Familie Hauck in die kulinarische Bruderschaft der Chaîne des Rôtisseurs aufgenommen. Bodenständiges und zugleich qualitativ Hochwertiges bietet seit 1952 auch das familiäre Fischrestaurant „Kruse“ in der Elisabeth-Anna-Straße.

WELLNESS UND GESUNDHEIT

Wie für alle Heilbäder der Ostfriesischen Inseln gilt auch auf Wangerooge: Die beste Medizin gegen Erschöpfungszustände, Erkrankungen des Atmungs- oder Bewegungsapparats, gegen Frauenleiden und Herz-/Gefäßkrankheiten bieten die Seeluft, ein Strandspaziergang und ein Bad im Meer. Wer nach weiteren klassischen Heilmethoden Ausschau hält, findet sie im Gesundheitszentrum der Kurverwaltung an der Oberen Strandpromenade. Wohltuende Maßnahmen gegen Drüsenstörungen, Erkrankungen der Luftwege und alle Formen von Allergien lassen sich hier auch auf Rezept mit Luftperl-, Süßwasser- oder Meerwasserbädern wirkungsvoll lindern. Ebenso werden Inhalationen, Trinkkuren, Trockensaunen, Massagen, Thalasso-Behandlungen, Aroma- und Phytotherapien angeboten. Wangerooge hat aber auch in Sachen Wasserspaß längst aufgerüstet: Das benachbarte Freizeitbad „Oase“ bietet Wasserkanonen, eine Riesenwasserrutsche, Whirlpools und Geysire, eine Gegenstromanlage sowie Bewegungsbad mit variabler Wassertiefe. Eine Außenanlage mit Strandkörben, Massagebuchten und Wasserfall bietet einen Panoramablick auf Meer und Dünen. Dampfbäder und Saunen sind natürlich auch im Angebot.

KULTUR UND UNTERHALTUNG

Wangerooge hat wenige, aber ausgesuchte kulturelle Highlights zu bieten. Das alljährliche Leuchtturmfest im Juli dürfte hierbei unbestritten zu den Höhepunkten zählen. Für Funsport-Fans ist im August der Inline-Skater-Summer am Flugplatz eine Pflichtübung. Musikalische Attraktionen auf Wangerooge sind das Kurorchester und der Shanty-Chor „De Wangeroogers“. Kinder werden von der Kurverwaltung, vom Nationalparkhaus und von privaten Anbietern mit Zirkusworkshops, Mal- und Spielkursen sowie Wattwan-

Westturm von der Dünenseite

Café Pudding: *Dekorativ im 50er-Jahre-Stil gebietet das Café Pudding über den Strand. Familie Folkerts serviert hier seit 1949 Kaffee und Kuchen.*

Fußgängerzone: *Die Fußgängerzone verleiht dem kleinen Wangerooge städtisches Flair; hier reihen sich Fastfood-Restaurants, Souvenir-Läden und alteingesessene Gewerbe aneinander.*

derungen gut unterhalten. Für die Älteren bietet der Schützenverein Wangerooge Kartenspieltreffs, Schach- und Schießsportveranstaltungen an. Im „Rosenhaus" des Nationalparks in der Friedrich-August-Straße sind Ausstellungen zum Thema „Wattenmeer" zu sehen. Der Kleine Kursaal des Kurhauses präsentiert zeitgenössische Kunst. Mit einem breiten Unterhaltungsprogramm für partyfreudiges Publikum ist die Insel Wangerooge zwar nicht gerade gesegnet, doch das Café „Treibsand" in der Zedeliusstraße und die Diskothek „Lucky" im Kurzentrum sind nach 20 Uhr beliebte Ausgehadressen.

DER WEG AUF DIE INSEL

Fähren fahren vom Strandkurort Carolinensiel-Harlesiel (Anleger Wangerooge/Harlesiel) mehrmals am Tag in rund 80 Minuten nach Wangerooge. Der Fahrplan ist tideabhängig. Eilige fliegen in sensationellen fünf Minuten von Harlesiel mit der LFH direkt zum kleinen Inselflughafen.

Typisch niedersächsisch-ländlich präsentiert sich der Ort Wangerooge zwischen Wiesen und Bäumen. Rote Klinkerbauten bestimmen das Ortsbild. Im Vordergrund grüßt der Kirchturm der evangelischen St.-Nicolai-Kirche.

Der Alte Leuchtturm von Wangerooge wurde 1856 nach der großen Flut erbaut. 1927 wurde er auf 39 Meter Höhe aufgestockt. Aufgrund seiner verkehrstechnisch ungünstigen Lage im Ortskern löste ihn 1969 der Neue Leuchtturm ab. Der Alte Leuchtturm ist der letzte steinerne Turm auf Wangerooge. Seit 1996 ist er sogar als Standesamt ausgewiesen, rund 4.000 Paare gaben sich hier schon das Jawort. Daneben beherbergt der Alte Leuchtturm ein interessantes, kleines Inselmuseum.

Seite 146 Wahrzeichen mit Orientierungsfunktion: Die Wangerooger Stranduhr ist der ideale Treffpunkt nach dem Sonnebad und zugleich Orientierungspunkt für kleine Badegäste.

Inselbahn: *Als man sich in den 60er Jahren des 19. Jahrhunderts zu einem Neuaufbau des Nordseebades entschloss und der Betrieb erfolgreich wieder aufgenommen war, legten die Inselväter 1897 eine Inselbahn an. Mit einer Höchstgeschwindigkeit von nur 20 km/h rollt die Inselbahn täglich durch Straßen, Dünen, Groden und Watt.*

Seite 150 Ein weiter Blick von der Wattseite *auf den Inselwesten. Allgegenwärtig sind auch bei schlechtem Wetter der Westturm und der Neue Leuchtturm als Orientierungshilfe zu erkennen.*

Da die Landmasse Wangerooges *im Westen stetig abnahm, war den strategisch wichtigen Westtürmen kein gutes Schicksal beschieden: Der erste Westturm brach 1586 zusammen, der zweite, 1602 fertiggestellte Turm wurde 1914 aus militärstrategischen Erwägungen gesprengt. Der heutige Westturm wurde 1932 von der Deutschen Turnerjugend erbaut. Der Ziegelsteinbau mit einem quadratischen Grundriss von 12 x 12 m ist 56 m hoch, hat acht Stockwerke und ein 15 m tiefes Fundament. Ab 1933 diente er als Herberge für die Hitler-Jugend. Heute ist hier eine Jugendherberge untergebracht.*

Bildquellen:

Alle Abbildungen, soweit nicht anders angegeben, von © dpa picture alliance.
Abbildungen auf den Seiten 126, 129, 130, 132, 134, 135 © Markus Hilbich, Seiten 54, 56, 57, 58, 59, 60, 61, 62, 66, 67, 70, 71, 74, 75, 76, 77 © Klaus Berndorff, Seiten 116, 120 © Lothar Berndorff, Seite 73 © Claus Jordan/Pixelio.de, Seite 90 © usteen/Pixelio.de, 112 © www.JenaFotoR4.de/Pixelio, Seite 113 © xm318/Pixelio